愛‧擁抱青春

在慈大附中相遇

慈大附中人文室——彙編

推薦序

法入校髓永傳承

釋證嚴

二十年前，在花蓮慈濟中小學種下的小樹苗，經過歲月的浸潤，如今每棵樹都亭亭如蓋，放眼望去，猶如一座座綠意盎然的菩提林。想當年剛入學還是懵懵懂懂的小小孩，如今已是青春勃發，前途大有為的青年才俊了。

回想花蓮慈院、慈濟醫學院（二〇〇二年升格為大學）陸續成立後，西部高端的優秀人才陸續東來花蓮安家落戶，當時各個都年富力強，孩子也陸續進入學齡階段。心底就一直琢磨著：搶救生命，固然不能等待，搶救慧命也不能延遲，因為人類的希望就在教育。

師父曾經承諾醫師和教授們：「慈濟會把完全教育建立起來，希望大家安心回來花蓮承擔。」從彼時開始，就以教育完全化為目標，從大學一直到中小學及幼教陸續設置，期待從國外歸來，或者從西部搬遷過來的人才，都能安心堅守在崗位上付出所長。

大愛為牆，智慧為樑；小學教育得好，中學的根就會伸得更廣闊更深更自在，樹就會往上茂盛。所以小學如根，中學如樹幹，到大學就是整棵大樹的完成。二〇〇〇年，因緣俱足下，慈大附中及慈大實小終於創校開學了，教育志業完全化的目標終底於成。感恩歷任校長，包括中學部的曾漢榮、歐源榮和李克難校長都很用心辦學；無奈歐校長因病謝世，感覺他並沒有離開慈濟，慈中的一草一木都有他的身影，他也一直活在慈中師生的心目中。

慈濟著重心靈啟發的教學，在小學採用「小而美」的小班制教學，可以讓孩子快樂成長。首任校長楊月鳳、繼任的白麗美與蔣碧珠校長，都是辦學經驗豐富、杏壇十分肯定的優秀人才。二〇一〇年，中小學合併後的首任校長李克難同樣用心辦學，師生互動良好，讓慈中小成為品格教育、人文教育典範的學校為目標。

現任的李玲惠校長春風化雨三十餘載，辦學績效卓著，深受新北市教育局長和市長所倚重；但她信守與師父的承諾，二〇一七年提前退休，一個人拎著行囊，就來花蓮報到。她精力充沛，點子又多，能將愛的能量灌注在孩子身上，學生都很喜歡這位校長。實則她是剛中帶柔，寬嚴並濟；慈中小在她的帶領下，德智體群各方面都有很亮麗優異的表現。

「志為人師」，青春期的孩子內心都有一顆躍動不安定的靈魂，感恩老師們用愛心來維護我們的孩子，讓每一株幼苗到了中學就長成一棵棵小樹，還要為他剪枝，調整枝椏，每棵小樹都長得非常健壯。還要教導人文禮儀，落實品德教育，讓孩子懂得在生活中要守規矩。很感恩老師們肩負起愛的使命、希望的使命，「老師心，菩薩心」，每位老師都願意做一個提燈照路的人。

尤其要感恩慈誠懿德會，他（她）們肩負師父的付託，用父母心愛這些離家在外求學的孩子。記得初相見時，孩子們面對陌生人要喊爸媽，那分憋扭可以想見；感恩我的弟子們不負為師所託，總是鍥而不捨地，用誠、用情打開孩子們緊閉的心扉。但見每個月一次的「慈誠懿德會」，總會看到爸爸媽媽們帶著大包小包的可口食物，讓孩子解饞之餘，彼此間既熱絡又溫馨的交流是多麼美的畫面啊！孩子們內心的小秘密不願讓家長、同學知道的，也可以悄悄的向懿德媽媽尋求解方。這種情，雖非親人勝似親人。也在孩子成長的過程中，留下一個美麗值得回味的印記。

慈濟教育志業是守護慧命的磐石，良師是提升人們智慧的指引；希望慈濟教育能成為典範，教師以父母慈心對待學生，以智慧教育出國家的棟樑；衷心期待慈濟培育出來的孩子，都能秉持「大愛」精神，服務人間。

推薦序

春風化雨二十 匯愛祝福千萬

慈濟慈善事業基金會
顏博文執行長

二〇二一年，慈濟邁向五十五週年，從當年每位家庭主婦日投五毛錢的「竹筒歲月」，單純助人的一念心，開啟了慈濟全球慈善、醫療、教育與人文四大志業。

慈濟教育志業，從一九八九年慈濟護專創設、二〇〇〇年慈濟醫學院獲准更名慈濟大學，再到同年附設中、小學正式招生，慈濟成為臺灣第一所達成教育完全化的機構。

二十年過去，慈濟護專一步一腳印，由技術學院、再躍升為科技大學；慈濟大學於二〇一九年榮獲英國泰晤士報高等教育特刊「世界大學影響力排名」（University Impact Rankings）全球第六十七名，居臺灣之冠。而慈濟大學附屬高級中學在少子化的大環境下，學生人數仍達一千八百人，從幼兒園到小學、中學，再到高中，以培養「胸懷美善、擁抱世界」的全球公民、世界之子為目標，蘊育青年學子在德智兼備的校園中茁壯。

自一九九九年動土籌備，證嚴上人以「教之以禮、育之以德」領航，期許慈大附中以「生活教育、品德教育、人文教育、服務教育、全人教育」為目標，以「慈悲喜捨」四無量心為校訓，以「尊重生命、肯定人性」為宗旨。創校至今，有賴歷屆師長們篳路藍縷、有教無類；感恩全臺各地教聯會、慈懿會、家長會志工傾注心力、陪伴學生；而全球慈濟人點滴匯聚的大愛，更是慈濟教育志業及慈大附中，最堅強的守護磐石。

慈大附中由校園環境到教育內涵，充滿大愛與感恩，真可謂千千萬萬人祝福的校園，孩子們在這樣的環境中成長，何其有幸！虔誠祝賀慈大附中春風化雨二十載，更感恩每一位曾經、並且持續在這塊教育的大喜福田中，耕耘付出的菩薩。

《禮記》〈曲禮上〉：「二十曰弱冠」。古代男子年滿二十歲加冠，稱為

「弱冠」，象徵邁向成熟，承擔責任。上人呼籲「莫忘那一年、莫忘那一念、莫忘那一人」，為時代作見證、慈濟寫歷史；本書書寫慈大附中承擔的教育使命，以及二十年的點點滴滴，讓我們用心展讀，也祝福慈大附中用心紮根世代、樹立教育典範，朝向下一個里程碑邁進。

推薦序

種桃 種李 種春風

慈濟教育志業
王本榮執行長

二〇〇〇年八月慈濟大學附屬中學及慈濟大學實驗小學開學！上人殷殷期許「教之以德、育之以禮」，設立一所培育品德、人格養成的學校。二十年來，從播種、深耕、園丁、蛻變，至今開枝散葉，茂密成林。

回首來時路，不忘初發心。建校之初，正逢一九九九年九二一大地震，慈濟援建五十一所學校，延宕校舍修建。二〇〇〇年學校開學，卻沒教室、沒宿舍，只能借用慈濟大學的教室，小學生一下子跳級，到大學上課。當年的孩子皆已畢業，投入各行各業，貢獻一己之力，服務社會。

二十年來，在歷任校長全心全力的奉獻，更令人敬佩。為了協助籌備學校，曾漢榮校長從彰化師範大學辦理退休、楊月鳳校長離開臺北，前來花蓮任職、歐源榮校長為了慈大附中提前從公立學校退休、白麗美校長因為一句靜思語走進慈濟、蔣碧珠校長日日在校門口迎接學生、李克難校長陪伴學生長達十一年的歲月。細數校長們無怨無悔的付出，澆灌著幼苗茁壯、成長。

現任校長李玲惠接續前賢，帶領慈大附中的老師，孜孜不倦的教學，用心、用愛的引領；教師們的舉手投足皆是大愛，隻字片語無非長情。此外，教職人員對學生的生活照顧上，更是無微不至，原本任職國安局特勤侍衛隊士官長黃展霖，變成守護、陪伴學子的舍爸，迄今堅守崗位。

長久以來，慈懿會一直是學校最堅強的後盾，從創校起擔任總幹事的若岑師姊，不但將兒女從臺北送來花蓮慈大附中就讀，夫婿李鼎銘擔任家長會長，婦唱夫隨，二十年如一日，支持學校。

本書匯集親、師、生的感動與感恩，更感佩慈懿會、家長會兩會的關懷與關愛。綜觀全書兼具「六度」萬行，校長辦學的高度、老師教學的深度、慈懿會的溫度、家長會的熱度、課程的廣度以及學子們的泱泱氣度，以此六度成為一所品格、學養俱優的學校。

所謂「十五志於學，三十而立」，二十正是成長、成熟期，慈濟教育志業是生命的希望工程，本於種桃、種李、種春風，在師長的春風化雨下，學子們桃李成林，欣逢慈大附中二十周年專書付梓，祝福慈大附中——

生生不息！

日日精進！

快慢有節！

樂在慈大附中！

推薦序

莫忘 種桃種李種春風的那一人

慈大附中
李玲惠校長

二十年，七千三百個日子，可以改變什麼？可以為世界、為校園帶來什麼？

二十年，七千三百個晨昏，人可以長成什麼樣？校園可以變成什麼樣？

一九九九年七月，匯聚眾人的愛心，位在花蓮的慈濟中、小學校舍奠基開工了，一九九九年九月二十一日臺灣發生大地震，慈濟基金會為災區啟動援建五十一所學校的希望工程。二〇〇〇年慈濟中、小學開學，新生卻成了在慈大校園中聽聞大學上、下課鐘聲的「小」學生，數月後，這些新生終於回到屬於自己的校園，進駐嶄新的校舍，為自己的人生譜下重要的學習篇章。

二〇〇〇年，慈濟教育志業第一所中、小學──慈大附中邁入第二十一個年頭，校園內花木扶疏，綠樹已成蔭，六度波羅蜜橋下的一泓池水，映照著藍天白雲，也輝映著層巒疊翠、充滿生機的綠意校園。校園外，國內外各行各業都有慈大附中校友平凡的貢獻，卻也留綴著不凡的紀錄，如：醫師、律師、會計師等，各領域都有慈大附中校友貢獻專業的身影，也有一些驚豔的呈現，如著名的阿聯酋航空第一位亞裔空姐來自慈大附中、也有校友延續慈大附中志工精神而獲得美國總統志工菁英獎，更有一些校友回到基金會、慈大附中小、慈幼校園，穿起熟悉的制服從事志業工作。

十年樹木，百年樹人，慈大附中這一切的光景，源自於什麼？

身為弟子，也身為慈大附中第六任的校長，在翻閱了數不清的書籍、文獻紀錄，聽了不少這所學校創校的故事之後，我清楚地知道，這一切源自於一念悲心與宏願。三十一年前在花蓮慈濟醫院開業之後，上人思及醫院的營運需要專業人才，而整個後山也需要藉由人才培育來改善貧病問題，於是有了慈濟護專的設置。等到慈濟護專成立後，接著是一所培育大醫王的大學誕生於花蓮，亦即是慈濟大學的前身——慈濟醫學院，慈濟慈善志業開展後，終於有了專業與人文兼具的大學。之後，上人思及教育需要從小扎根，也希望能讓志業體的家人、護持慈濟慈善志業的委員菩薩們，他們的子女能有一所實踐慈濟人文精神的學校可以就學。於是，從二〇〇〇年開始，一所從小培育善苗，人品、人文、人才兼具的中小學成立了，同時，也象徵著慈濟全人教育的理想的展開。

如同當年有人問：「慈濟為什麼要辦中小學？」上人慈示：「臺灣不缺一所學校，缺的是一所以品德教育為核心、以全人教育為理想的學校。」這所學校肩負著眾人的期待，以及全球慈濟人清淨無私愛的堆砌，更是慈濟教育全人化的象徵。

二十年來，從創校的艱辛，到種種難題的克服，從一念悲心到課程、各種校園制度的確立，從志工的來來去去到學校人事的穩定，二十年的校園始終充滿著愛的故事。

慈大附中從幼兒園、小學、國中到高中，一直緊握「感恩、尊重、愛」慈濟人文的核心精神，這本書雖然像口述歷史般的校園故事，卻也是慈大附中「感恩尊重愛」的另一種真實詮釋，感恩 上人的慈心悲願、感恩精舍師父的護持、感恩在這所校園二十年來留下愛的印記的歷任校長、教職員、家長、志工，以及慈懿會的爸爸媽媽們，沒有這些人清淨無私的愛，小小樹苗不會長大成樹成蔭。

有幸以現任校長的身分先行翻閱這本愛的紀錄，心中充滿感恩，感恩提供珍貴學校歷史的口述者、辛苦執筆的撰述者，感恩書中留下任何名字的慈濟人與十方大德，更感恩沒留紀錄在這本書中的所有善心仁者，感恩在善因緣中，您為校園撒下的陽光與雨水。

徐徐清風中，因為有您，這所學校才能繼續種桃、種李、種春風……

編者序

春風化雨 回首方知恩

慈大附中已經走過二十個年頭，人生二十個年頭正好像慈大附中，從幼兒園、小學、國中到高中教育，培育一個個孩子從懵懂無知的幼兒成長為蓄勢待發的有為青年，其中經歷過多少師長扶持的手、依靠的肩膀，以及無數人的奉獻與滋養，過程中有美好、有辛酸，也有不捨，更有許許多多不為人知的付出，成就了這二十年的歷程，最後都在大愛的滋潤下，回首皆化為一聲：「感恩！」。

慈大附中的老師，是比一般學校更加辛苦付出的一群師長們，因為他們不僅要在專業教學上努力取得好成果，在品格教育上更不能放鬆，必須付出大量時間，隨時隨地給予學生們正向價值與溫暖陪伴，但與其說這些師長們辛苦，毋寧說他們得到的是另一種幸福。

因為，在這功利和升學主義仍為主流的社會裡，家長給予的龐大壓力下，如果沒有一所堅持教育初衷、秉持教育理念的學校全力支持，這些有心於春風化雨的老師們，怎麼有機會將他們人生的菁華歲月，付諸在教育理想的實現，享受世間春風化雨、桃李成林的美好？「師者，所以傳道、授業、解惑也。」這不就是為人師者，最有價值的人生嗎？

從一個個學生成長的改變、返校時聲聲的感恩，還有自我教學相長的省思裡，相信慈大附中的師長們，都曾經品嚐到教育這行業中，最甘甜美好的一面。特別是，當年在學校最讓師長頭痛，花最多精神陪伴的孩子，往往卻是畢業後，最常回來探望老師、感恩老師，緣分結得最深、最久的學生。

就像書中慈大附中畢業的孩子所說的，許多事他們在學校時還不懂，但畢業後在社會的大染缸裡，他們卻發現那些曾經給予他們溫暖或曾被他們出言頂撞的師長們，早已潛移默化地在他們心中放進一把尺，讓他們能清楚分辨是非對錯，願意投入對他人與社會有益的事。

春風化雨，回首方知恩。這也是為何慈濟的教育強調「大捨無求」，因為沒有人知道，孩子在何時才會發現，自己心中曾被種下的那顆善的種子，已經生根發芽。雖然孩子們少有機會回來向師長們道聲感恩，但師長們堅信，總有那麼一天，孩子會看見，因此他們不能為眼前的挫折和失望而停下腳步。

在今（二〇二〇）年的新生班親會上，一位家長分享，他家就住在慈大附中學生上學經過的路上，每天看著學生從家門口來來回回走過，幾年下來，感覺到學生的氣質很好，被這些學生吸引，覺得這所學校一定很不錯，所以今年他就把孩子送來慈大附中就讀。

慈大附中追求的不是名校的光環，而是踏實的口碑，二十年來成就這所充滿青春與愛的學校。然而，隨著時間的流逝、人事的新陳代謝、物換星移，前人曾經付出的心血足跡，如果未能記錄下來，走過的印記將在時間的流逝中銷聲匿跡。

二〇一八年，證嚴上人期盼弟子們能「莫忘那一年、那一人、那一念」，藉由回憶當年，為時代作見證，為慈濟寫歷史。上人的智慧總能引領弟子們看得更遠，當眾人埋首於教學、行政、志工之時，常是前腳走、後腳放；追溯過往人事物，常是「可能、應該、也許」，還在學校的我們尚且如此，多年後的後人又怎能知曉曾有哪些前人種下了大樹，庇蔭著眾人，讓我們得以在樹下乘涼？

住宿型的學校，許多師長從早上七點廿分進到班級或辦公室，到晚上九點半的夜自習結束，回家後還要與家長互動，週末假日帶著孩子做研究、做志工……孩子們日常生活的點點滴滴編織了師長們的每一天，若不是對上人的心，實在很難堅持下去。他們是老師，也是孩子在學校的爸媽，真正做到了上人期待的「做孩子生命中的貴人」。

此書以一〇八課綱的教育變革為分水嶺，記錄下新課綱實施前，慈大附中以愛擁抱青春年少學子的足跡。二〇一八年，以「成就每一位孩子——適性揚才、終身學習」為願景的一〇八課綱開始實施上路，第六任校長李玲惠接任後帶領著全校師長守住慈濟教育精神、迎接新課綱，以培育世界人才的校園美善事蹟將另撰文著書。

「播種」，分別記錄下創校初期首任中學、小學校長帶領著行政團隊胼手胝足在這片土地上開拓的歷史篇章，以及歷任校長「以師志為己志」在教育上的堅持；也一窺全校最療癒的幼兒園「創園歷程」。

「深耕」裡看到的是主任、老師們在校園依著一分老師心、菩薩心陪伴孩子們的真實故事；這些老師是慈大附中諸多老師的縮影。

除了學生和老師，慈大附中校園裡更有一群教育志工，他們是慈濟教育才有的慈誠懿德會，孩子們口中的「爸媽」。他們每個月風塵僕僕地來到學校疼愛教導孩子、利用假期家訪、投入孩子的班遊及學校的各項活動。還有家長會志工爸媽溫暖的關愛，「園丁」裡描述志工們的生命故事。

學生的成就是老師的驕傲。在全校師生和全球慈濟人的祝福下，以慈濟人文、品格教育滋潤成長的校友們在各界發揮著良能。在他們的「蛻變」中，我們收穫成果。

內文裡的人事時地物皆經考查。感恩人文真善美志工採訪寫稿、文史處及經典雜誌協力編輯出版，還有慈大附中人文室家人始終的用心。愛，始終在慈大附中的校園裡，一直傳遞著⋯⋯

目錄

【第一章】播種

【第二章】深耕

【第三章】園丁

【第四章】蛻變

中小學校地動土典禮，菩薩雲集，迎接慈濟教育完全化正式開展。（提供 / 慈大附中人文室）

曾漢榮校長（後排中）帶領儲備教職同仁參觀慈大附中興建中工地。（提供 / 慈大附中人文室）

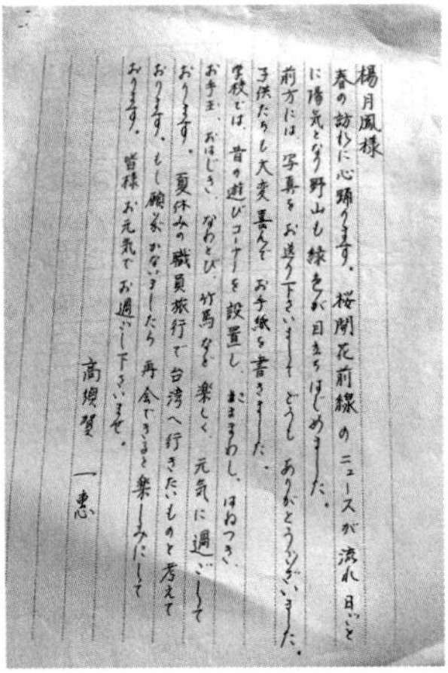

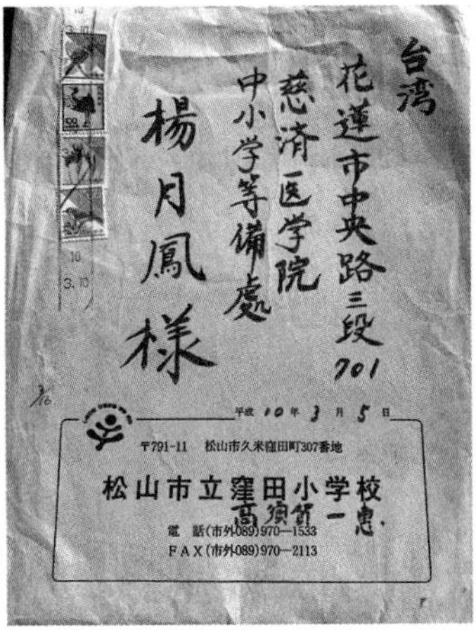

楊月鳳校長在創校前因為要參考各個學校的特色融入慈小的校舍設計中，到日本參訪學校做交流，日本當地的學校校長及同學的感謝函。（提供 / 楊月鳳）

上人與當時承擔中小學籌備要務之曾漢榮教授（左一）與
楊月鳳校長（右一）共商設校事宜。（提供 / 慈濟基金會）

2000 年 10 月 29 日 ~30 日中小學學生搬遷回介仁街 67 號中學校區上課。（提供 / 慈大附中人文室）

2002 年 10 月 22 日宏都拉斯總統參訪慈大實小。（提供 / 慈大附中人文室）

2003 年 SARS 期間，慈大附中因出現三名疑似感染個案，依教育部規定停課 10 日，證嚴上人擔憂師生們的健康與生活起居，隔著封鎖線關懷校內情形。
（提供 / 慈濟基金會）

2003/08/11 菲律賓大愛、感恩連體嬰姊妹蒞校，慈大實小舉辦認養暨慶生會並成立慈幼社。
（提供 / 慈大附中人文室）

2016 年 10 月 09 日 欣逢慈濟五十周年，慈大附中藝術班舞蹈組獻上佛典舞劇《願》祝賀，於慈濟大學大愛樓演藝廳盛大公演。（提供 / 慈大附中人文室）

幼兒園畢業宿營，為爸爸媽媽奉茶感謝父母恩。
（提供 / 慈大附中人文室）

日常生活技能闖關活動。（提供 / 慈大附中人文室）

幼兒園教學成果發表會——展演環保劇。
（提供 / 慈大附中人文室）

幼兒園前往機構關懷長者。（提供 / 慈大附中人文室）

新生始業輔導，透過各項體驗，讓新生盡快了解
慈濟人文生活教育內涵，融入新的學習環境。
（提供 / 慈大附中人文室）

2004 年 2 月 14 日舉辦第一屆靜思語說故事比賽。
（提供 / 慈大附中人文室）

國小部取餐時大拇指往上或小指往上，代表取餐量的多或少，這樣的默契都是學生自己研發出來，大家也都有默契地配合，從生活中展現慈濟人文。（提供 / 慈大附中人文室）

2014 年慈濟教育志業二十五周年，教育志業舉辦聯合校慶，並於於花蓮慈濟靜思堂舉行聯合校慶開幕茶會，展現人文興學與品德立校的堅持，在茶會活動中，慈大附中的孩子以行茶、奉茶展現人文之美。（提供 / 慈大附中人文室）

靜思花道（提供 / 慈大附中人文室）

靜思茶道（提供 / 慈大附中人文室）

2012 年 2 月 29 日慈大附中「大時代需明大是非」人文統整活動，以「慈悲三昧水懺」為課程教材，活動結束前，每個班級各組成一艘法船，一同入經藏，為花蓮祝福，為台灣祈安，祈求天下無災與祥和。(提供 / 慈大附中人文室)

三月國三志學營人文闖關活動。
(提供 / 慈大附中人文室)

每年四月份舉辦的精舍路跑活動。
(提供 / 慈大附中人文室)

四月妙手生華手語比賽。
（提供 / 慈大附中人文室）

每年五月的母親節，慈大附中師生在花蓮靜思堂道侶廣場參與全球第一場浴佛典禮以清靜的身心與虔誠的身口意慶祝佛誕節、慈濟日、母親節。
（提供 / 慈大附中人文室）

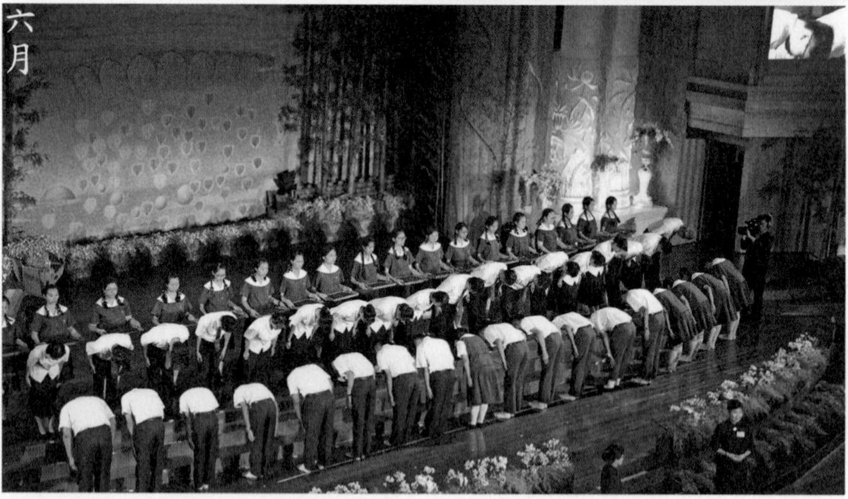

六月畢業典禮，畢業生向師長行感恩禮。（提供 / 慈大附中人文室）

每年八月的新生始業輔導活動，除了認識校園環境，亦安排慈濟源起、生活禮儀、靜思精舍巡禮…… 等多元化的學習課程，讓入學新生可以盡快融入學習與住宿環境。（提供 / 慈大附中人文室）

每年九月教師節慈懿會都會舉辦敬師謝師感恩茶會，以行動表達對師長的感恩，並帶領學生以恭敬的心向老師們奉上清茶及點心，並大聲對師長們說：「老師，您辛苦了，我們愛您！」
（提供 / 慈大附中人文室）

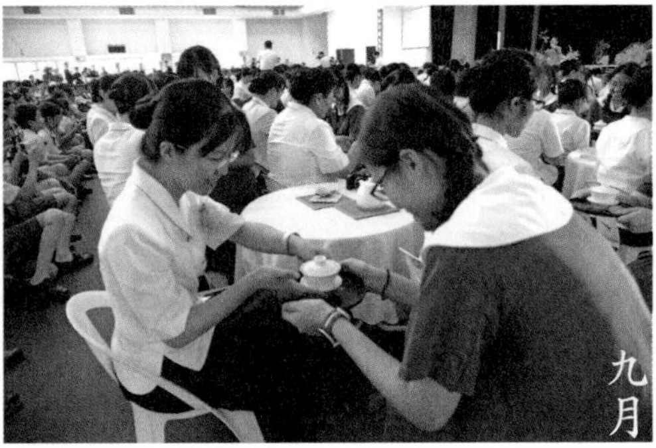

每年十月慈懿會舉辦的高三成年禮慈誠懿德爸媽都會設計人文闖關活動，透過活動的完成與莊嚴的成年禮儀式，勉勵所有即將畢業的孩子們要懂得懷著感恩回饋之心，尊重他人，並對自己的態度負責，祝福所有孩子都能成為對社會有貢獻的人。
（提供 / 慈大附中人文室）

慈懿會家庭訪問。
（提供 / 慈大附中人文室）

十一月運動會暨募心募愛活動。
（提供 / 慈大附中人文室）

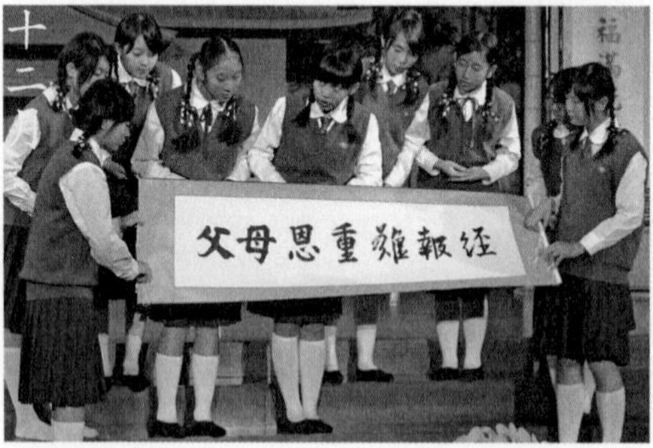

2011/01/08慈大附中歲末祝福，於花蓮靜思堂演繹《父母恩重難報經》，讓年輕學子從中體會到父母親的養育之恩。
（提供 / 慈大附中人文室）

2004 年印尼人文交流。（提供 / 慈大附中人文室）

2009 年星馬體驗營。（提供 / 慈大附中人文室）

四川地震後慈濟教育志業從 2012~2016 年連續 6 年前往四川與慈濟援建學校進行教育交流。（提供 / 慈大附中人文室）

【志工服務篇】

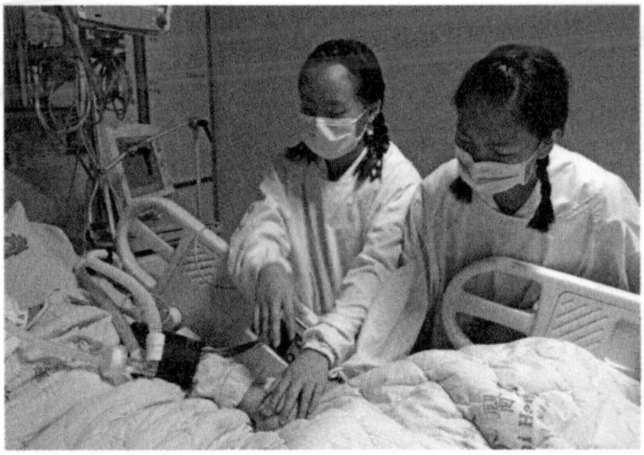

每年暑假都有一批慈大附中高中部的學生前往花蓮慈院做志工服務，這樣的優良傳統已經延續 13 年，志工在加護病房看見與死神拔河的奶奶不捨地為奶奶加油打氣。（提供 / 慈大附中人文室）

黎明教養院志工行。
（提供/慈大附中人文室）

從 2008 年起連續 13 年前往花蓮東區老人之家進行每月一次的志工服務，與院內長者互動、關懷。（提供 / 慈大附中人文室）

2012 年慈少隊志工跟大愛農場認養了一分水田，從共識課程、除草、糧食危機課程、插秧、除蔓、收割一系列的課程與志工服務，讓同學深入瞭解與服務學習。（提供 / 慈大附中人文室）

慈大附中中學部每位學生在畢業前都會到環保站做志工。（ 提供 / 慈大附中人文室）

七星潭淨灘。
（提供 / 慈大附中人文室）

2019 年 3 月 12 日由前美國總統歐巴馬創辦的「歐巴馬男子領袖中學」校長 (Barack Obama Male Leadership Academy)、 達拉斯北德州大學部長、達拉斯學區督導等一行四人蒞校參訪，由高中部的導覽志工為貴賓進行校園導覽。（提供／慈大附中人文室）

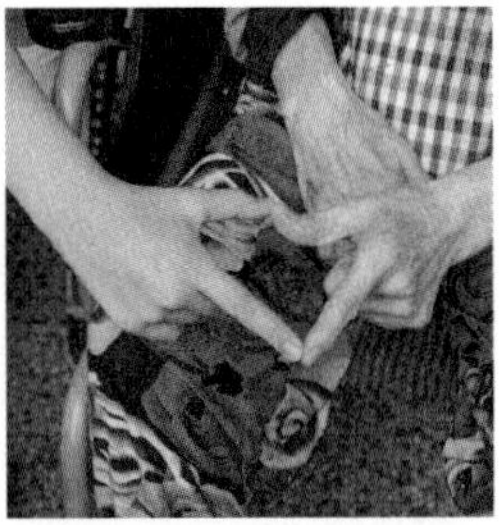

每月出隊一次的幸福祖孫志工隊，由高中部大哥哥姊姊帶著國小部、幼兒園的弟弟妹妹一起到花蓮全民養護中心與國軍花蓮總醫院附設一般照護中心進行志工服務，做爺爺奶奶的一日孫子。（提供 / 慈大附中人文室）

2012 年慈大附中響應慈濟基金會為非洲辛巴威
的自由小學募集文具。（提供 / 慈大附中人文室）

竹筒歲月 募心募愛。（提供 / 慈大附中人文室）

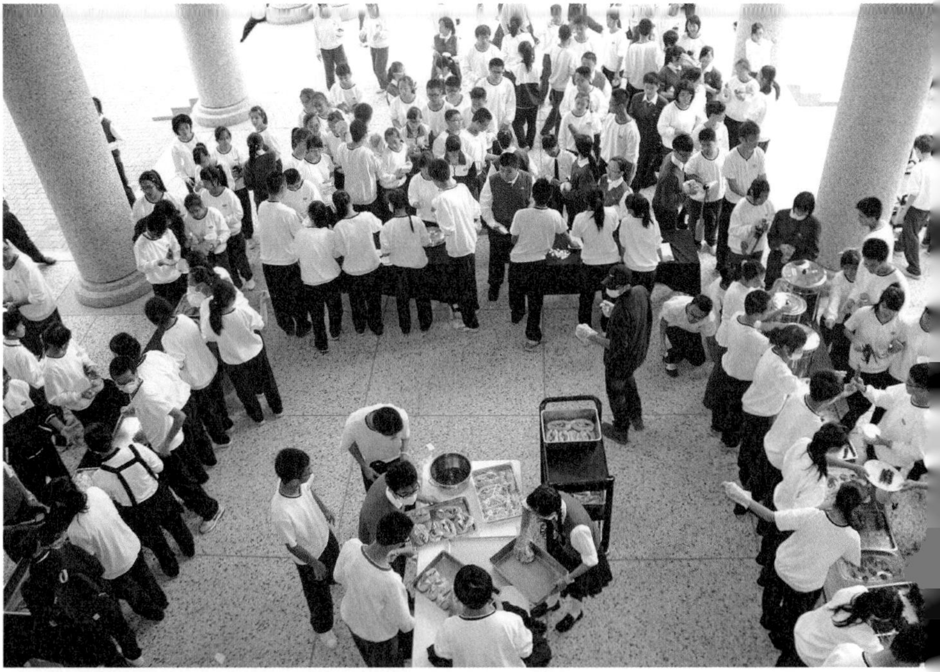

2012年11月美東發生風災，班聯會學生為災民舉辦募心募愛義演會暨義賣活動。
（提供／慈大附中人文室）

第一章

播種

從蠻荒之地，開墾良田；
撒上希望的種子，辛勤澆灌；
最終成長為我們期待的蓊鬱森林。
先行者的歷程，毋寧是最艱辛的，
但收穫也最刻骨銘心！

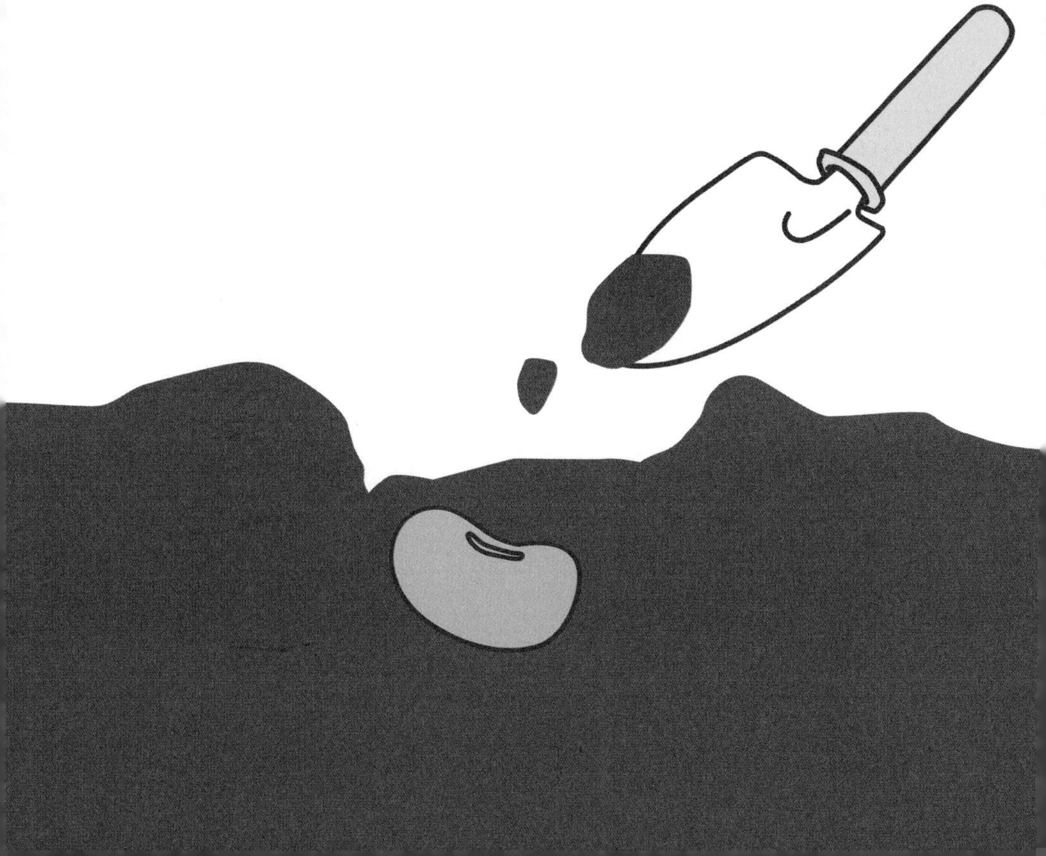

創校的華路藍縷

口述／曾漢榮
整理／詹明珠

曾漢榮，一九四七年生，任教於國立彰化師範大學輔導系。由於中區慈濟委員李阿利的因緣，常受邀為慈濟大專青年或教師聯誼會演講、授課，因此當證嚴上人行腳臺中時，他會到慈濟臺中分會報告概況。其後，又以教育的專長投入慈濟兒童精進班的創設，引導志工進行課程教案之規劃。一九九七年起任教於慈濟大學，並成為慈大附中創校校長。

籌備慈大附中實踐完全教育

上人心中有完全教育的理想。有一天，上人對我說：「你是專門在教如何成為中學老師的老師，是不是可以請你來籌備慈濟中學？」於是，一九九七年，我回到花蓮為慈大附中的建校籌備規畫；而當年任職於國立臺灣師範大學心理系的范德鑫教授，也於同一年回到花蓮共同籌備。上人期待慈大附中與慈大實小的設置能附屬在慈濟大學之下，因而我和范德鑫教授與一群專業人士著手開設慈濟大學教育研究所。

凡事起頭難，縱有滿腹理想與願景，畢竟還有許多自己不熟悉的領域，都要一一請教專業。因此，我和籌備慈大實小的楊月鳳校長等，我們一行人訪問美國、日本，和臺灣類似的私立學校，汲取豐富的設校經驗，一步步走出我們自己的風格。

一所學校的創設千頭萬緒，首先找校地是第一課，大家在花蓮地區到處看地，甚至也到花蓮農改場；正當尋尋覓覓之際，驀然回首發覺——何不使用既有的慈濟大學人文社會學院土地的一部分？於是請美國建築設計公司SOM（Skidmore, Owings & Merrill LLP）設計規劃校園，漸漸有了美麗適宜的校園藍圖。一九九九年七月十一日，慈濟中小學校地動土了，兩個多月後，發生了九二一大地震，慈濟援建五十一所學校的因緣，自己學校的工程因此延宕，同時將鋼筋混凝土工法變更為結合「鋼骨」、「鋼筋」、「混凝土」強化建築抗震的經驗與能力的「SRC」（Steel Reinforced Concrete）建築，樹立為百年樹人的基石。學校規劃有大小各一的游泳池、室內體育館、符合國際競賽的四百米操場、科學館、圖書館等，當時我覺得該為設施品質有所堅持，請示上人給予指導。上人慈示：「專業的我不懂，只要幫我教好生活教育就好了。」讓我們覺得肩上的擔子愈加沉重，自己的責任重大。四方的意見、關懷蜂擁而至，表達不同的觀點，「只注重生活教育，那我們升學考試怎麼辦？」

在多方努力奔走下，於二〇〇〇年終獲教育部核准兩校立案與招生。立案之後，花蓮縣政府勉為其難同意招生，因為學校已經很多，怕招生情形不樂觀。我們向縣政府表明招生的範圍涵蓋全省，力行三十人小班制，但至少保留三分之一名額給花蓮子弟，我們辦學的目的不是搶名額，而是要教好生活教育，加強人文教育，相關單位才放下心來。同年十月二十八日「教育完全化揭碑暨慶祝大會」於焉誕生。

創校維艱 品格教育為要

二〇〇〇年八月底，慈濟中、小學陸續要開學了，校舍卻還沒蓋好。先借用慈濟大學教室使用，對於需要住宿的中學生而言，連宿舍都要一併借用，活潑好奇的年紀，使用高樓層的校舍，亂按電梯等調皮的演出，使得校方只好讓他們搬到一樓上課。慈大附中教室、宿舍陸續完成後，畢竟學校人力有限，第一屆的孩子們一起加入搬遷入厝的行列，辛苦流汗的過程，讓他們與學校產生了濃得化不開的革命情感。

搬回自己的教室後，仍續用慈濟大學宿舍兩個月，每天六、七部遊覽車接送孩子往返，恐怕也是始料未及的場面，與現在的師生分享此事，大都覺得不可思議。伙食的部分，上人慈悲，每天三餐都收少少的費用，讓孩子吃得飽飽的。我幾乎每日陪他們用餐，從慈大送餐到宿舍難免涼冷，多為學生加一道菜和熱湯，讓他們在成長的過程中營養充足，漸漸讓家長放心素食不影響發育。

每天第八節課是運動時間，即使只是個傳球、小跑步，都對成長中的孩子有益，揮汗之後沐浴、晚餐，晚上再晚自習，也規劃老師陪伴，畢竟舍媽、舍爸專職生活管理。對於老師們多出來的工作時數，家長會也予以護持，不讓它成為老師們壓力的來源。沒有回家的週末，只開放週日下午讓學生外出，我們鼓勵家長有空可輪流來學校陪孩子。

上人對於中學的期望是，孩子們的品格教育最重要。第一條件是要求學生住校，住校生要會打理自己的生活，除了課業成績，身體健康與服裝儀容要自我管理。第一年報名人數超過千人，但我們規劃小班制，一個年級五班，國一與高一生總共只收三百名。由於名額有限，於是我與學校老師，到全臺與學生一一面談，家長一旁作陪。無法或不願意自理生活的孩子，成績再好我們都不收，很嚴謹地對待每一件事；當然，要有願意配合的家長，才能成就每一項教育願景。

四方助緣 成就動人校園

為了讓學生有個安全舒適的環境，各項細節的安排，也讓團隊燒腦不少。孩子洗衣服、烘衣服的方便性，父母電話聯絡的暢通性，在在都是考量的要點。每個月讓孩子回家一次和父母團聚，車票的訂購、領取，也是一項繁複的大工程，

曾漢榮校長（左二）與負責規劃中小學校園的美國SOM公司設計師實地場勘。
（提供 / 慈大附中人文室）

因為每個人起迄點各異，幸好有家長會強力後援，家長會與教聯會深度的支持，在校園裡處處可見。

一、兩年之後，為了在週末加強孩子課業，來自全臺各地的教聯會老師，週五下班後目標一致集結在花蓮，校長與家長會長為了表示誠意與感恩，我們都幫忙印講義到十一、二點；尤其是第二、三屆會長李鼎銘師兄，他兩個孩子都是慈大附中學生，一家人投入慈大附中的心力很令人感動。舉凡經費的贊助、環境布置所需，林林總總，年夜飯提供老師們摸彩的禮物；他們就像有神力一般，總能有無盡的資源來相助，當年買的八人座車與貨車現在都還在校園裡使用，學校電腦不夠用，也是慈懿會鼎力相助而來。

我的學生一聽說老師當校長，他的老闆張崑裕先生自動提供國、高中課桌椅，後來連小學也一併提供，是一筆不斐的經費。當時在花蓮慈濟醫院辦公室裡，他帶來六套課桌椅讓上人挑選，高低寬窄樣式前後修改六次，自覺對董事長不好意思，董事長豪氣地說：「我們能讓上人親自指導修改，是何等福報與榮耀，怎麼會不好意思呢？」

「巍峨超越中央山，坦蕩不讓太平洋，好山好水好文章，萬物和我做同窗……」我們請來名音樂人莊奴先生寫校歌，當時校舍尚未蓋，他在空蕩蕩的校園旋繞一圈之後，這樣蕩氣迴腸的歌詞一出來，我們心中滿滿的感動，久久不能自已，只要和李鼎銘師兄一回想起那一刻，他說那感動永遠都忘不了，兩個男人真性情的盈眶熱淚，是一生志業不變的初衷。

二〇一九年英國《泰晤士報》高等教育特刊首度發表「世界大學影響力排名」（University Impact Rankings），慈濟大學全球第六十七名，在臺灣是第一名，相信我們還有很大的進步空間，離上人的理想還非常遠，更要謙卑以對。事實上，很多的人文項目我們排在二、三十名，加總平均才排在六十七名，臺灣其餘各校因為比較注重學業成績，在人文方面、品格教育比較疏於兼顧到。

慈大附中二十年了，已經長成了一棵大樹，教育是長遠的百年大計，要成為永遠的千年大樹，需要大家共同努力。

華路藍縷起步難 藝起花現造家園

口述／唐自常、蘇明珠
整理／詹明珠、黃素貞

唐自常，一九五二年生，蘇明珠一九五四年生。唐自常主任自籌備慈大附中開始投入，以來自藝校校長的專業與經驗，為新生的慈大附中設校擘畫未來，設校計畫書後來更成為日後他校申請設校的範本；蘇明珠老師是花蓮人，夫唱婦隨跟進慈大附中，從此這對夫妻檔老師，就以慈大附中的校園為家。

設校程序繁複 突破重重難關

【唐自常自述】

我學的是美術，擅長於規劃與設計，也有辦學、設科系的經驗。一九九七年，離開華岡藝校校長職務後，正準備單人赴澳洲深造，學校申請好、學費已繳、機票訂好，因健檢報告一處X光判讀不明，重照之後流程需延誤一個月以上，加上父母年邁，妻子蘇明珠在高雄任教，不免牽掛。有一天，夫妻在返回臺北探視母親的飛機上，明珠翻閱報紙輕輕地說：「慈濟在徵中學部籌備處主任，你要不要去試試？」

就這樣的因緣，我以籌辦中學的經驗，認真地投遞履歷，卻嚇到了明珠。她說：「我只是開玩笑的，慈濟團體那麼大，要怎樣的人才沒有，哪需要從外圍找人啊？」經過一段時間的等待與商討，我成為與曾漢榮校長並肩作戰籌備學校的第一批成員。到花蓮就任後，澳洲學校也同意入學遞延，心想一任兩年之後再圓留學夢，慈濟大學李明亮校長也承諾，可以在職進修的方式完成。結果這一留下來，轉眼二十年過去了，沒有出國留學，校園成了家園。

設校計畫書完成後，送教育部審核之前，呈請曾校長批示，曾校長只改了四個字——將全國共同校訓「禮義廉恥」改成「慈悲喜捨」，其餘隻字未改，給予全然的支持與信任。送出之後，證嚴上人批示我參與慈濟湖北冬令發放，回來之後等不到教育部回文，歷經幾次花蓮區聯招會議後，仍提不出設校證明，只好黯然退出。

設校招生的使命感與責任在身，卻遲遲得不到回應，於是請慈濟大學教育研究所范德鑫教授幫忙了解狀況，我親自搭機到當時的臺灣省政府中興新村洽辦，下機後馬上接到同仁來電，范教授說，「程序未完備，去了也沒用，回來吧！」

百般不願意白跑一趟，我請接送陪伴的朋友止步，獨自一人拜訪陌生的承辦人員，誠懇地詢問癥結何在？與承辦人員一部分一部分地審視設校計畫書內容，不懂的部分馬上打電話請教同仁，承辦官員願意在合法範圍內幫忙。其中有一筆捐贈土地，雖然有捐贈同意書，但公告程序尚未完成，捐贈者隨時可反悔，就不恰當了，當時真想將該筆土地抽出，校地夠大了，不差那一筆，等法律程序走完再加進來即可。沒想到，電話那頭同仁傳來，該筆土地捐贈者已經是慈濟靜思精舍的常住師父了，承辦員一聽，喃喃自語說，「那應該沒問題了！」他這一關即同意核章，其餘的要我自己跑流程。

那一天，從白天到接近下班了，只要有一關未通過，所有流程都要重新來過。所幸大家都很支持，一位局長就說：「有一處稍有問題，你回去自己改好，我就不圈出來了。」流程跑完後，等了外出的中部辦公室主任半小時，他事先也知道這件事，礙於下屬都未簽辦，他也無法幫忙，既然大家都簽署了，他當然沒有異議。公文回送承辦員結案後，深深地鬆了一口氣，總算完成艱鉅的第一步了。後來這一份設校計畫書，至少幫了三所學校創立，成了樣板。

首創普通科藝術班　輔導學子藝術培養

教育部同意後，並非自此一帆風順，國中、高中部分法條不一，我又親自到花蓮縣教育局會談至少兩次，局長才勉為其難應允招生。公文下來，卻批示要保障部分花蓮學子，和當初不招花蓮學生的條件不一樣，高中採申請入學，國中部須保障三分之一花蓮人。

招生以後，校舍還沒有蓋好，必須先借用大學宿舍使用，要改隔間、整理環境後才堪使用。學生制服、校園設計規劃等，也都需要許多貴人相互成就。我有一位同學是相關從業者，提供不少寶貴意見與資源，一件件地幫忙設計，完成國、高中的制服，現在倉庫裡還留有多件樣品。因為參與校園景觀規劃，我對學校的一草一木都有深厚的感情，遷校後再重新規劃一次，我都是以布置自家的心情來設計學校景觀，教室設備則請相關科任教師幫忙，每一間專科教室都具備專業水準，才能符合上人完全教育的願景。

在特殊類型教育方面，一般學校都是設立專門的美術班、音樂班或舞蹈班，我們是卻是普通科的國、高中班級設立藝術班，這在全國是首創的，創設之後整班藝術班滿額，班上同學學科都一起上，術科再依美術、音樂、舞蹈分開上課，同學之間可以互相感染藝術興趣，所有藝術科系的教授都相當推崇，無不希望能在所有學校實施。由於慈大附中是普通科學校，教美術最大的心力得花在課後，每週的上課時數只有一小時，要學好專業的美術課很難，課後輔導成了如常，因此和孩子們非常親近，學生的成就，就是老師的成就，也是老師前進的動力。

慈大附中前幾屆的實力都非常強，頂著慈濟名聲招來的學生，加上學輔導的

唐自常主任（前排左二）為藝術人才培育美術組的學生示範水彩技法。（提供 / 詹進德）

曾漢榮校長對教育的方向堅定，老師們非但沒有抱怨，還都很期待和孩子們一起上第八堂課，一起去運動。在花蓮，也有因緣陪伴口足畫家成長，他們自身的努力奮鬥，經過我從旁加以引導修正，讓他們畫出一片不一樣的天空，也成為慈大附中孩子們最好的生命教育體驗。

從第一年在臺北市復興美工當導師開始，我就一直以學生的成就為榮，當年的學生，現在有多位已是大學相關科系主任，例如美術系主任、視覺傳導系主任等。當年如果蘇明珠沒有來慈大附中，我兩年任期後就會離開。原來中華藝校董事長還在等我回去，還有擬設立的公立學校，希望我連人帶著計畫書一起去創校；個人覺得，一樣都是創校，但我的個性還是比較適合慈濟的風格。

夫妻攜手合作　共創藝術殿堂

【蘇明珠自述】

我比先生唐自常晚一年到慈大附中，籌備時只有籌備人員，沒有學生。第一年當導師，學校人員不足，還得兼任行政人員；唐自常是主事者，最吃重的部分當然落在自己身上，導師兼任訓育組長，忙得幾乎以校為家，家只剩洗澡、睡覺的功能。

慈大附中並非我們創校的實驗品，之前在中華藝校已經有過經驗了。中華藝校的前身是工業學校，老董事長退休後，尊重女兒對辦校的前景展望，一百八十度的大翻轉，要在南部創立一所藝術學校，因為臺北有華岡藝校。當時唐自常在復興美工，我在復興中小學任教，高雄海青商工一位主任是唐主任的學弟，在文化大學時就非常崇拜景仰唐自常，一直想挖角他到海青教美術，但海青沒有舞蹈科，夫妻倆得南北分隔，因而未成事。

直到中華藝校設校邀請，音樂、美術、戲劇與舞蹈四科系具足，我們才能一起出任，同時也覺得，能在一個很專業的地方發揮所長，是一件很美好的事。從零到學校屹立，連一張最基本的請假單都要自己畫出，是很紮實的創校經歷，所以，我們到慈濟來，很清楚要做的事情有多少，也可以提早避開會遇到的困難。

我們在中華藝校時，因為是夫妻檔，要辦舞蹈成果發表等，舞臺設計或服裝、布景、道具等，美術班和音樂班可以相互支援，整個工作氛圍是相當好的。因此，我們到了慈濟才敢放手一搏，延續藝術教學的模式前進。

上人的思維高度是教育完全化，我們所扮演的是橫在中間國、高中的這一塊，整個社會潮流不斷演進，衍生出的問題也不斷更迭，早期就沒有手機問題，現在校園裡為了手機常生紛擾，問題產生時，就得面對它，想盡辦法解決，從來就不覺得是無法解決的困難，也無法比較事情的困難度，過了就拋諸腦後。

二十年來，老師付出的心力，學生們都看在眼裡，師生感情融洽，畢業後仍有緊密的聯繫，甚至曾經有教過的學生送自己的孩子來慈大附中就讀。藝術教育比較特別，學生本身有興趣和資質，才會來讀藝術班，經過老師的指導、啟發，加上自己一番努力與投入，表現出來的成果是無可限量的。所以，給予學生相當的展現空間，不會讓他們產生學習的倦怠與疲憊，是藝術教育的特色。

《鹿王與貧女》是慈濟五十周年慶的大型佛教舞蹈劇，為此，我們夫妻倆與人文室籌備了兩年，才能在舞臺上完美呈現。在慈濟大學與花蓮文化局公演後，

蘇明珠老師（右三）陪伴學生參加 103 學年度全國學生舞蹈比賽。
（提供 / 慈大附中人文室）

局長相當感動，主張成為花蓮之光，到外縣市交流表演。當時李玲惠校長也深覺只演兩場太可惜，二〇一八年在李玲惠校長的策劃下，全團到馬來西亞巡迴表演十天，造成莫大的迴響，原來佛典故事如此動人心弦，還製作成光碟與更多人結緣。

【後記】文◎黃素貞

藝術教育完全化　延續世代薪相傳

證嚴上人教育理念希望慈濟教育完全化，唐自常和蘇明珠，一人負責美術，另一人則是負責舞蹈，美術和舞蹈從慈大附中幼兒園、小學、國中到高中階段，皆有完整的藝術課程養成，幼兒園至小學的藝術興趣培養課程啟蒙，到國、高中開始進入專業的藝術課程，十二年一貫的藝術培養，可謂真正藝術教育完全化。

夫妻緣繫慈大附中二十載，二十年來讓兩人最欣慰的，就是培育出許多優秀的人才；二十年後，老師眼中的優秀人才也陸續回歸慈大附中校園，傳承接棒為慈大附中服務。

第十二屆畢業生蔡森秝，國中時進入藝術班美術組，高中參與美術班的課後人才培育，一路以來，受到唐自常的用心栽培，慈大附中畢業後考上高雄師範大學美術系，大學畢業後選擇回歸慈大附中服務，目前擔任中學部美術科專任教師。唐自常主任於二〇一七年退休，他將美術相關課程教學傳授給蔡穛秝，延續美術的傳承。

國中部第二屆畢業生張雅琪，從小習舞，小學五年級時看著姊姊就讀慈濟高中，讓她心裡相當嚮往慈大附中的生活，也因此國中時如願來到慈大附中就讀。當時的國中部，還沒有設立藝術班，學習舞蹈的部分皆是蘇明珠老師手把手教學，利用空檔的時間個別指導，一路直到高中畢業。

高中畢業後，張雅琪順利考上臺北市立大學舞蹈系，修得學士及碩士學位，畢業後她選擇回歸慈大附中服務，實習期間也同時在慈濟大學教育研究所修得教育學程。蘇明珠老師於二〇一八年退休後，將舞蹈及表演藝術等相關課程交棒給張雅琪，延續舞蹈的傳承。二十年前的藝術播種，二十年後的藝術人才回流，這是一個象徵性的世代傳承。

唐自常主任和蘇明珠老師雖然已經退休，但在慈大附中校園裡依然可見兩人身影，默默地付出和陪伴。唐主任目前兼任美術相關課程，而蘇老師目前負責小學舞蹈校隊培訓和國中舞蹈術科課程，雖然已經退休，但不管站在陪伴老師或陪伴學生的角度，他們依然選擇回到慈大附中繼續傳承藝術，讓藝術教育得以延續。

退而不休 堅守崗位

口述／蘇啟民、劉雲雀
整理／劉對、蔡翠容

慈大附中成立第一年，蘇啟民和劉雲雀夫妻倆離開服務的公立學校，舉家搬到花蓮，前往慈大附中任職，不但陪伴師生做志工，也時時落實法親關懷；二〇〇二年，蘇啟民參加見習、培訓、受證慈誠、委員；從二〇〇四年起，每週四晚上到花蓮慈濟醫院當急診室志工；二〇一四年退休後，回到慈大附中擔任慈懿爸爸，陪伴年輕老師與學生。劉雲雀也特別投入在靜思花道人文教育推廣。夫妻在慈大附中，創造了他們意義非凡的一段人生。

蹉跎十年 至此定位

【蘇啟民自述】「蘇老師！你從公立學校轉到慈大附中，心裡有過掙扎嗎？」年輕老師問我，再過幾年就可以申請退休，領到公立學校的月退俸，及18%的退休軍公教人員優惠存款，但是我和太太劉雲雀認同上人辦學理念，毅然離開任教二十一年的公立學校，來到花蓮慈大附中服務。

當初我太太劉雲雀的同事是慈濟委員，邀她加入會員，也參與慈濟教師聯誼會的活動。一九九二年七月，雲雀回花蓮參加營隊，工作人員提前一天報到，我帶著兩歲的兒子隨行。抵達靜思精舍後稍作休息，證嚴上人突然出現在觀音殿上，在場所有的老師趕緊頂禮，當時我不懂頂禮的禮儀，也隨著跪拜；大家都穿制服，只有我穿便服還帶著小孩。

上人與大家親切地寒暄，最後眼光停留在我與孩子的身上，半晌之後微笑地說：「不要緊，慢慢看！」這一看，看了十年……擔任學校行政工作，忙碌成為藉口，來到慈大附中又覺得已經在「做慈濟」了；直到卸下行政工作後，才開始見習培訓，耽擱了這麼久，實在是有因緣就要把握啊！

二〇〇〇年慈大附中成立，我們舉家搬到花蓮。創校之初學生全部住校，有些疼惜孫子的阿公、阿嬤會抱怨：「我家就在學校圍牆外面，想看孫子還得等一個禮拜。」然而，上人認為，孩子要學會照顧自己，不要成為別人的負擔，當他們學會生活自理、作息規律、心無旁騖，把較多的心思放在課業上，成績自然進步，不需要刻意強調成績。

學校剛成立，需要兼具高中教師資格和實務經驗的人，而我在國立華僑高中已擔任過五年的學務主任，在楊月鳳校長的鼓勵和引薦之下，前來應徵也通過面試，承擔慈大附中學務主任工作。剛到花蓮還來不及找房子，我和學生一起住在宿舍，學生如有任何狀況，可以就近處理。

當時學校工程因九二一而延宕，校舍尚未完工，暫借慈大校舍。男生宿舍在九、十樓，女生住十一、十二樓。一大早六點多，我和教官輪流在樓下等孩子，整隊到餐廳用餐；之後再帶到大學七樓教室上課。上下樓都是走樓梯，每天早、中、晚三次，晚自習結束才回宿舍，老師、學生都很辛苦。

後來，慈大附中宿舍先蓋好，每天用遊覽車接學生到慈大上課，晚餐後再送回慈大附中，我每天隨著遊覽車接送。教官擔心成長中的孩子晚上肚子餓會睡不著，影響隔天上課，因此在遊覽車出發前，各班派同學到慈大對面的超商為大家買點心；再一個月，教室也完工了，全部搬回慈大附中就此定位。

蘇啟民老師。
（提供 / 慈大附中人文室）

創校惟艱 珍惜擁有

創校時承擔行政工作，那是一種考驗。因為老師來自不同學校，理念和認知上有所差異，而且對上人的辦學理念，大家也未必能充分了解。因此，校務行政的推動不甚順暢，老師們也感受頗大的壓力。例如，為了幫助學生順利升學，邀請教聯會老師來校幫學生複習功課，卻產生一些困擾。

兩者教學方式不同，部分學生和家長，覺得教聯會老師教的比較受用，反而對學校老師的教法有所質疑。我一方面必須親自向學生、家長作說明：「教聯會老師的資料周全而詳細，但他們只做統整複習；而學校老師要按課程進度，也要顧及學生是否能吸收來做調整。」

另一方面，也鼓勵學校老師向教聯會老師請益，把講義加以吸收、融化，試著調整教學方式。就像上人說的：「信己無私，信人有愛。」在同一個年級裡，盡量安排資深與年輕老師同行，因為年輕有想法，資深有經驗，彼此分享傳承帶班與教學經驗，激發出更大的能量，才能協助學校老師獲得成長，也有助於降低師資流動率。

上人還說：「只有老師安住在這裡，學生才能安心學習。」走過創校惟艱、守成不易的歲月，更懂得陪伴的重要；所以，二〇一四年從學校退休後，我回到慈大附中當慈誠爸爸，繼續關懷老師和同學，也繼續投入慈院急診室志工。

我鼓勵年輕老師參與慈善訪視，進而參加志工培訓，在慈善訪視「見苦知福」的親身體驗下，有愈來愈多的年輕老師受證，實踐「知福、惜福、再造福」的善行，喜見慈濟大家庭人丁旺盛。慈大附中同仁每個月一起探訪照顧戶，包括佳民村、壽豐鄉、光復鄉，共有五條路線，見苦知福後回到課堂上，就有很多題材和學生分享，也可以印證上人的法。

衝突過後　方知師恩

每所學校會有的狀況，慈大附中也難避免。尤其是家長對慈濟、對學校、對孩子的期待很高，有些孩子並非自願來校就讀，是被家長逼來的，所以會故意製造事端、觸犯校規，想被學校退學。為此，學校在第二年招生時，開始做「生活適應調查」，在面談時就清楚說明學校狀況，如果孩子願意來，配合度就高。面對來自全臺各地的學生，學務工作是一大挑戰。

學生晚自習時，我會去宿舍巡查。有一次打開抽屜，就看到香菸躺在裡面，更誇張的是，書架上擺了一排香菸空盒。還有學生在宿舍把殺蟲劑噴入排水孔，再點火欣賞火焰；舍爸（舍監爸爸）發現後立即給予處分，隔天朝會我強調安全的重要，舍爸已處理，不重複處分，但下不為例。那個時候，老師真的要付出很多！上人也常常來學校關心，問老師們：「我們的孩子有乖嗎？」還說：「老師、父母，都是孩子的模，你怎麼做，他就怎麼學，教育要以品德為優先。」

不過，真心付出後還是有許多甜蜜的成果。卸下行政工作後，我擔任導師，有位女學生和老師發生衝突，憤而跑出教室，我知道後，在校園到處找人；她也曾晚上溜出宿舍到校外遊蕩，我和舍媽半夜十一點多，還在街上焦急地找人。然而，師長對她的關照，點滴還是留在她的心中，畢業後她去高雄讀大學，每逢農曆春節，都會打電話來跟我拜年。

還有一次，我在教室裡輕拍一位男同學的肩膀，他明知是我，手卻使勁地往後一揮，生氣地說：「老師，不要碰我！」我愣了一下，趕緊向他道歉，同理高中男生喜歡裝酷，尊重他不喜歡被碰觸。他就讀大學後，有次回來校園打球，在校門口偶遇，他衝過來抱我，我也被這個又高、又壯的大男生嚇了一跳。

叛逆過後，孩子總會成長，就像上人說：「要走入孩子的生命裡，成為孩子生命中的貴人。」我能理解，種下一顆種子，不會馬上發芽，需要耐心地呵護與灌溉。對於這些孩子，我接納、尊重，他們不一樣的特色，同理心、不批評；我可以放下身段道歉，但是該堅持的校規也不縱容。

人生如此 夫復何求

其實，能陪伴年輕人就盡量陪伴，我把他們當作自己的孩子，他們的年齡和我的一對兒女相當。二〇一〇年八月一日第一位就讀臺大的校友江炳宏老師，回來慈大附中任教，成為數學科的同事；後來我在他班上當了三年的慈誠爸爸，彼此更像朋友、兄弟。他結婚時，我不但遠赴屏東陪同迎娶，領帶還是我親手為他結好套上的。炳宏老師說：「好棒！老師變同事，師伯變師兄，父執輩變兄弟，師生變朋友。」

除此之外，由於當年一起見習慈濟委員的劉文益邀約，從二〇〇四年起，我每週四晚上固定到慈院當急診志工。每年都有學生或老師願意到急診室當志工，我會帶著他們膚慰病人和家屬，幫忙整理病歷、領藥、帶病人照X光、協助送病人住院等。將心比心，期望有我們的幫忙，讓醫護人員能喘口氣、喝水用餐，才有較佳的體力和心情面對病人及家屬。

回顧過往，其實當初會選擇來慈大附中，是經過思考規劃的。因為上人要辦理的是強調品德教育和生活教育的學校，在升學掛帥的環境裡，學務工作人員必然心有戚戚焉。另外，以我們家的兩份薪水，養育一對兒女也足夠了。

況且在慈大附中任教或是做志工，生活簡樸花費不多，就我而言，近二十年來，除了慈濟制服，便服買不到十件。日常休閒活動，常到海邊、山上，吹吹風、散散心，欣賞夕陽餘暉。能在慈濟找到生命價值，享受付出時的恬淡、輕安，心亦有「人生如此，夫復何求？」之開闊，感謝慈大附中所有的家人們！

就是愛慈大附中

【劉雲雀自述】

「第一次見到上人，大家都跪拜下去。我看到地上濕濕的，覺得很髒……；當時只有上人和我相對站著，上人慈祥地看著我，讓我不覺得尷尬……

一九九二年，我受同仁邀約成為慈濟會員，同年教師節第一次參加慈濟教師聯誼會活動，一九九三年參加慈濟教師學佛營；之後也陸陸續續參加慈濟活動，覺得上人很好。

尤其是剛進入慈濟，參加教師精進課程早課時，看見上人的身形，走路輕得讓人無法察覺，禮佛的手、儀態都是那麼地莊嚴優雅。「這麼美的人，怎麼能不重視他呢？」我心中一直叨唸著，淚卻也不斷地自眼眶裡宣洩而下，不能自已；

劉雲雀老師（右）。
（提供 / 慈大附中人文室）

沒錯！就像其他志工說的，那是找到「媽媽」的感覺。

上人在教師培訓課程對老師們提及，「慈濟要辦中、小學學校，是不是回來自己的學校當老師？」那時候，我腦海裡莫名浮現出：「好，上人，我回來！」這短短幾個字，讓我心心念念，隨時留意著慈濟中、小學是否成立，我決定一定要當慈濟學校第一屆老師，陪學校走過蓽路藍縷。

「我們的校園有蝴蝶在飛……」一九九九年學校動土時，一個童稚的聲音說起「希望校園」，我那時是慈濟教師聯誼會合唱團團員，看到上人聽到後頻頻點頭，就心想：「我是一個自然老師，我又很愛上人，上人也要我們營造這樣的環境，那我一定要回來教書。」

二〇〇〇年，慈大附中創校，我為了做慈濟學校第一屆老師，辭去當時在臺北縣中山國中教理化的教職，儘管家裡長輩對我與先生蘇啟民，都辭去他們眼中的「鐵飯碗」，一起到慈大附中教書很不諒解，但我們夫妻還是毅然、決然離開繁華的大都市，來到「偏鄉」的花蓮，開啟人生另一段旅程。

自然融合人文

「老師，國小上過花道了，為什麼國中還要上？」在慈大附中花道教室裡，一位自慈大實小畢業的國一孩子問起我，我帶著笑容看著同學，不疾不徐地回應：「那今天吃飯了，明天還要不要吃？你看師公上人的腳步一直在走，一直在救人，但是都一樣嗎？國小上花道課和國中上花道課，對花、對插作的看法，有沒有不一樣？」

我到慈大附中任教，一直堅持在靜思花道的傳道、授業、解惑，總有家長和同學們質疑，但我堅信「對的事，做就對了」的信念，也能獲得孩子肯定的回饋。「老師，我知道了！」這句話出自一位曾經不理解，為什麼要一直上花道課的同學口中，讓我很欣慰。一〇八學年度開始，學校配合「一〇八課綱」將自然、家政、國文與靜思花道結合，合開設「花開有時」人文課程，藉由跨領域課程讓學生從知識、情意與能力中，培養生活美學涵養人文氣質，也成為一〇八課綱的亮點課程。

負責靜思花道課程的靜思精舍德普師父，邀約我在花道人文課程教學外，一起投入編輯小學、中學、慈濟大學、慈濟科技大學花道教科書，我答應了。藉由看證嚴上人的著作及參加活動獲得的心得，把握編輯清晰易懂的編輯原理，做成內容豐富精彩的教材，雖然和德普師父在編輯中學教科書與《靜思花道》一書，過程中遭遇很多挫折，但我仍不屈不撓，因為「對的事，做就對了。」最近更應德普師父的邀請，持續為靜思花道編輯特輯刊物。

我曾反問自己：「如果孩子們不喜歡上這樣的課程，怎麼去傳達真善美理念、灌輸人文精神？讓愛的種子撒播？」我秉持著把課本單純化，讓學生快樂學習，用認真活潑與充滿愛的教學方式，讓學生喜歡上靜思花道課程。

「根據學生的興趣，適性而教。」這是我教學的一貫原則。一路走來，在教學中與挫折相遇，我都是甘願做、歡喜受，感恩交錯示現，讓我藉事練心，也讓我的心更加地堅定。

克難的日子 最美的回憶

口述／廖逸貞
整理／吳旬枝

廖逸貞受母親影響，大學時即加入慈青社。一九九八年臺大外文系畢業後即回到慈濟基金會工作，二〇〇〇年在第一任校長曾漢榮邀請下開始投入慈大附中，歷任校長秘書、人文室組員、人文室主任，現為英文教師。為了報親恩、師恩、慈濟恩，她不僅用媽媽心、菩薩心陪伴學生，更投入職志行列，發揮生命良能。

心繫志業 因緣來相會

我的媽媽是基隆的教聯會老師，也是受證委員。我跟媽媽感情很好，受到她的影響，我在大學時也加入了慈青的行列。當時慈青的指導教授之一是彰化師範大學的曾漢榮教授。一九九六年慈青到北京和南京與當地大專院校文化交流，曾教授是領隊，而我是團員之一；在北京飛往南京的班機上，我的位子就在曾教授旁，一路上，我們聊了許多，結下了一段很好的緣。

一九九八年大學一畢業，我即開始到慈濟臺北分會外文期刊部上班，主要的工作是把中文期刊翻譯成英文，讓更多海外人士能認識慈濟。我還曾翻譯到慈濟中、小學動土的新聞及上人對教育的理念，心裡好期待自己未來的孩子能在這裡就讀。回到花蓮志業體服務一直是我多年的心願，於是與當時的男友——現在的先生商議，他在一九九九年八月先回到慈濟技術學院任教，雖然那時他已在臺北資訊工業策進會工作多年，在外人眼中是極具發展和潛力的，但很感恩我們能同心同志一心決定回來志業體。幾個月後，我也回到基金會國際事務中心任職，公室就在精舍，當時上人會客室的旁邊。

為了建校，曾漢榮校長常至精舍向上人請益。二〇〇〇年的三、四月間，我在精舍遇到向上人報告完中學籌備事宜的曾校長，他邀請我加入中學的行列。上人一直認為教育是未來的希望，曾校長的邀約讓我決定到教育志業體盡心力，也開啟了我與慈大附中的因緣，二〇〇〇年八月，我從慈濟慈善志業轉任教育志業，接下人文室組員兼校長秘書一職。

克難創校 教室當辦公室

創校初期的辛苦真是不足為外人道，但回味起來也是那段時日記憶最深、最感動。

剛開學時，校舍還未完工，學生借用大學教室上課，我們一直在搬遷；開學前，我們是在大學一樓的中、小學籌備處辦公，等學生入學後，就一起搬到五樓上課。當時其中一間教室暫時充當校長室，空盪的教室裡就校長和我各一張辦公桌。直至中學校舍興建好後，才又搬回中學校區，也就是現在的慈濟大學人文社會學院。

雖然回到自己的校園，但有些建築還沒完工，環境仍是克難的。當時的校長室，就在現在人社院警衛室隔壁的空間裡，同一個空間不但有校長室，還有總務處、人事室和會計室共用，與校長室只用簡單的ＯＡ隔間。過了一段時日之後，

廖逸貞老師擔任第一屆高中部雙語班導師，於雙語班成果發表會後與學生合影。（前排中。提供／廖逸貞）

校長室才搬遷到圖書館二樓，總算有比較獨立與像樣的辦公室。

剛創校之初，一切制度有待建立，即使當時有許多教聯會老師來支援，還有來自全臺的教育志工投入，但制度、活動都是移植自他方，帶到學校來總是會有「水土不服」、「適應不良」而須調整處，磨合和討論就用掉許多時間。有很多老師帶著滿腔熱血來，但在組織文化認同、價值觀與適應上遇到了很大的挑戰與挫折，還好曾校長很有耐心也很願意聆聽，不斷與老師們溝通，才讓人事穩定，教學得以正常。當時的教職員人力少，彼此關係都很密切，感情如家人般。師生之間也很緊密，每個學生的名字我都能喊得出來，到現在還是印象深刻。

那時，我們都知道學校要重品格、要有人文，但要上哪些課才能有人文？要辦什麼活動才是有自己學校的特色？我們全都自己從無到有；還好有慈濟大學及慈濟科技大學的活動可參考，記得當年我們還在校內辦過「佛陀成道感恩會」呢！

全面被關愛的孩子

由於我們的學生是教育志業體中年紀最小的孩子，剛開始上人常到學校關心孩子們。還記得在慈大五樓上課時，上人隔著窗戶探視孩子們上課，孩子們興奮地在教室中跟師公揮手，那溫馨的畫面依然印在我的腦海裡。那時無論是老師或學生都非常貼近上人、敬愛上人。

搬回中學後，上人也仍常來看孩子。有一回，上人來參加活動，穿過圖書館進到演藝廳前，無意中摸了一下樓梯扶手，然後突然轉過頭來跟我說：這裡要擦一下。當時心裡覺得很慚愧，但也覺得上人像媽媽一樣地關愛著大家，我們真的好幸福！

記得有一次在靜思堂，花蓮區的慈青學長們跟上人座談，各自報告自己在志業體服務的狀況，我分享了自己在中學服務的心得，並且期許縱使再怎麼微小，也要是一股穩定的力量。上人那時開示說：「逸貞，心美看什麼都美。」一直到現在，遇到逆境困難時，當時的情景與上人的慈語總會在我腦海中浮現，砥礪我繼續向前。

第一屆孩子升上國三時，師長們覺得這屆孩子在課業上的落差不小，為了讓學習速度較慢的孩子能跟得上，於是開會決定要程度分班，好為孩子拔尖扶弱。但分班事宜讓家長擔心，誤以為學校要放棄學習成就較低落的孩子，因此有了一些風波，這是我第一次看到即使是有大愛的志工在遇到小愛時也有不理智的時候。

為讓孩子們有更好的學習，也讓家長安心，學校制定升學輔導策略，尤其為程度較落後的班級引進更多學習資源，招募全臺的教育志工來為孩子做課業加強，曾裕真老師就是從那時開始投入學校。平日晚自習，我們也邀請花蓮地區的慈青學長進到學校來輔導孩子們的課業，也在生活上及人生態度上給予協助和引導。那一屆的孩子在所有人全心的陪伴下得到更多的資源，程度也很快地拉了上來。

為人師 報師恩

擔任過慈大附中兩任校長秘書，不論是曾校長或歐校長都鼓勵我繼續進修，取得教師資格，於是在慈大附中任職行政六年後，我在二〇〇六年暫離職場，到慈濟大學教育研究所攻讀碩士，並且修習教育學程。二〇〇九年，就在我正教育實習時，我的媽媽因病往生。她的突然離世對我有莫大的衝擊，但那段時日有許多基隆的慈濟師姑、師伯和海洋大學慈青為媽媽助念與參加告別式，精舍師父也給予我許多開導，讓我的心裡充滿感恩。

媽媽的一生非常辛苦，但因為慈濟，她的心境上有了非常大的轉變，把吃苦當吃補，家裡的氣氛也變得更正向，而媽媽離開後仍有這麼多善因緣幫助她完成大體捐贈的大願，圓滿她這一生。因此我立下志願，不但要通過教師檢定，傳承媽媽的衣缽，更要參加慈大附中的教師甄試，重回到這個我熟悉的教育園地。

母親是我人生中第一位老師，上人則是我慧命的導師，而慈濟更開拓了我生命的廣度和寬度，讓我的人生充滿價值與意義。因此我期許自己用心在慈大附中這塊教育福田耕耘，以報親恩、師恩、慈濟恩。

勤政愛校 乘願再來

人物／歐源榮
彙編／葉金英

歐源榮校長生於一九四六年，臺中師範專校第一屆畢業，擔任國小老師近二十年。一九八一年十二月參加國小主任甄試，一九八八年四月，參加國小校長甄選；一九九四年四月，參加國中校長考試儲訓，都獲得最高榮譽。歷任教師、主任及校長等職務，帶職進修，一九九四年六月，畢業於國立臺中師範學院國教研究所碩士班。

慈濟援建學校 開啟慈濟因緣

一九九八年八月，歐校長才剛由集集國中校長轉任大成國中校長。隔年就發生九二一大地震，學校受損嚴重，但因為太多學校在地震中受損，後續重建經費申請難以預期，但孩子的教育不能等，歐校長為了學校重建問題，於一九九九年十月十二日，備妥學校簡介、學校受災相片、重建願景等資料，在同仁陪伴下，前往慈濟臺中分會，向證嚴上人說明學校面臨的窘境。

上人殷切垂詢相關事宜，雖未立即允諾認養，但歐校長在辭別上人回校途中，卻能感受到重建之路雖然遙遠崎嶇，但仍充滿信心和希望。第二天，十月十三日，慈濟臺中分會傳來好消息，慈濟允諾認養大成國中，學校教職員同仁無不歡欣鼓舞。慈濟的承諾援建，也開啟他與慈濟後續的因緣。

二〇〇〇年六月五日大成國中重建動土典禮中，歐校長發表感言：「大恩不言謝，但我仍要利用今天的機會，感恩上人的慈悲以及所有慈濟人，同時也感恩所有關心校園重建的社會人士；深信大成國中的同學有朝一日，也能學習慈濟的精神回饋社會，回報大家對大成國中的關心和鼓勵……我深刻體悟到上人所說的希望工程，其實不只是慈濟所援建的這些學校，而是全臺灣學校的教育希望！」

二〇〇二年六月九日，大成國中落成啟用；歐校長八月即轉任旭光高中校長，這所他新上任的學校，也是慈濟援建的學校之一。而他曾服務過的集集國中、大成國中、旭光高中，都是慈濟九二一援建的學校。

提前退休　挑起教育志業

在慈濟援建的過程中，歐校長親身接觸到慈濟，受到上人和慈濟精神理念的感召，他未曾戀棧其西部原有高中校長的職位，毅然做出了他人生另一階段的規劃，提前申請退休投入慈濟行列。二〇〇三年八月一日他到慈濟基金會教育志業發展處擔任志工，並且在暨南大學兼任講師；後來成為教育志業發展處的高級專員，其間，負責臺南慈濟中、小學籌備事宜。

二〇〇四年七月三十日他接任花蓮慈大附中校長，在慈大附中的階梯教室裡，舉行校長交接典禮；歐校長接下印信，致詞時以「佛心師志勇於承擔，責任使命樂於付出」與全校師生共勉，並發願繼續堅持慈濟教育願景，為成就慈大附中永續發展而努力。

二〇〇五年龍王颱風來襲，重創花蓮地區，慈大附中也受損嚴重，校園裡將近三百棵的樹木連根拔起，體育館的玻璃被強風吹破，樹木需要短時間復原，學校動員許多志工來幫忙，歐校長也跟著大家一起投入，整頓校園的工作。

歐源榮校長（中）歡迎遠從南非前來參加校慶交流的小朋友。（提供／廖逸貞）

歐校長溫文儒雅、為人樸實、和藹可親，是一位慈祥的長者，在許多人的記憶中，他的行事風格低調，而且話不多，只說重點。遇到有學生來找，他會先請學生坐下來，靜靜傾聽孩子們的心聲，並給予支持鼓勵。所以，同學們非常喜歡歐校長，每當舉辦志工活動時，都會主動到校長室，邀請校長一起參加。

每天早上或傍晚，歐校長若走到學校餐廳用餐時，都會利用短暫的時間，與老師聊聊有關教學的理念及想法。關於校務處理，他相信每個人工作都是分層負責；盡責的他，在辦公室都待到很晚，幾乎以校為家。

期待歐校長 乘願再來

歐校長與老師們分享教學理念時，提及德國教育家福祿貝爾（Friedrich Froebel）說過：「教育之道無他，唯愛與榜樣而已。」而上人所說的：「信己無私，信人有愛。」他都認同，也深受影響，並且付諸實踐。只要有人向他提出看法，他都認真傾聽，廣納多方意見。其實，校務繁多，有許多事需要克服，相對壓力沉重。

歐校長鼓勵學生：「未來慈大附中仍將堅持生活教育與人文教育，並不斷提升同學們的學業成就，希望同學們不管念哪一所大學、哪一科系，將來都會是社會的人才與淨化的清流。」

兩年任職期間，無意間發現心血管疾病，連裝了四支血管支架，他考量健康狀況，決定辭去慈大附中校長一職，返鄉休養。二〇〇六年九月十五日，慈大附中校長交接典禮上，歐校長將印信交給李克難校長。歐校長以「幸不辱命」，感恩上人給他很大的空間，相信慈濟是一個圓形的跑道，也是立體琉璃同心圓，自己不是退休，而是落實社區。

言猶在耳，不過三個多月後，卻已成絕響。二〇〇七年一月二日，歐校長因心肌梗塞猝逝，享年六十一歲，消息傳來，令人震驚、不捨！他瀟灑地走完最後人生，對於教育的實踐與奉獻，他始終無怨無悔，樹立人品典範，令人懷念。

「明天先到，還是無常先到，沒有人知道。唯有把握活著的每一天，對準生命價值的方向前進。」上人在大林慈濟醫院主持歲末祝福感恩會時提及歐校長，流露不捨與懷念，期待歐校長乘願再來，在慈濟圓形菩薩道上再接棒。

克服困難 勇往直前

撰文／李克難

我出生在「克難運動」年代，勤勉努力完成博士學位。自二〇〇六年起，承擔慈大附中校長十一年，用心投入陪伴師生，讓學校穩定發展。服務教育界四十五年，退休後，繼續終身學習，善用教育專業，到世界各地擔任教育志工，勤耕一片開闊的福田。

慈悲喜捨 訂為校訓

一九五〇年十月三十一日，國民政府開始推行「克難運動」，全國同胞共體時艱，努力建國。父母為當天出生的我命名為「李克難」，期勉克服萬難，勇往直前。

一九六六年，我就讀高中二年級時，看見新聞報導上人在花蓮創辦「克難慈濟功德會」，慈悲濟世、傳揚佛法、度眾生、救苦難。我的家人一直都是慈濟的會員，也許，我在出生時便和慈濟結了因緣。

二〇〇一至二〇〇六年，我擔任國立花蓮女中校長。二〇〇六年寒假，向教育部提出退休申請，計畫到臺中協助女兒、女婿，開設中醫診所，並照顧剛出生的外孫女。因為慈大附中第二任歐源榮校長健康亮起紅燈，必須返鄉休養，他向董事會推薦我是適當的接任人選，經過遴選程序，受聘為慈大附中第三任校長，因為辦學績優，之後，又受聘為第四任與第五任校長。

在慈大附中校長任內，我依循上人的教育理念辦學，上人也將慈悲喜捨訂定為慈濟各級學校校訓，在慈大附中校長任內，我即秉持「慈悲喜捨」精神，帶領師生邁向卓越。

「慈」為無緣大慈，是清淨無染、怨親平等的大愛；「悲」為同體大悲，是人傷我痛、人苦我悲的憐憫；「喜」為以持正法起喜心，是得正知、持正念、走正道的輕安；「捨」為以攝智慧起捨心，是無尤的付出、無怨的服務。「慈悲喜捨」的內涵詮釋看似深奧，但慈大附中師生與家長，在大愛的環境中學習成長，「慈悲喜捨」精神早已融入每日的生活。

人文教育是慈濟辦學的核心，在我的博士論文《學校認同建構之運作策略研究——以慈濟中小學校為例》中，我分析慈濟人文教育觀點為，慈悲喜捨觀、感恩尊重觀、因緣福慧觀、歡喜實踐觀。

在慈大附中校園裡，從幼兒園三歲的小朋友，到高中部十八歲的青年，都接受了慈濟人文教育，與上人的關愛及指導，在時間向度上培養了歷史意識，及承先啟後的使命感，並凝結飲水思源、感念先人的情懷；在空間向度上，涵蘊了鑑賞多元文化的人文素養，富有人文氣息的世界觀與人道關懷；在自我省察的向度上，引導內在世界和諧與充實。

闡揚慈濟 美善教育

慈大附中師生自重自愛、負責任、守紀律、勤勉向學，校務蒸蒸日上，師

學生敬重師長，才能發揮教育良能。敬師謝師茶會，就是回歸古代的尊師重道，回復師道尊嚴。(李克難/中。提供/慈大附中人文室)

生表現傑出，各項競賽獲獎無數，聲名遠播。每學年蒞校參訪的海內外團隊將近一百團，接受教育部高中學校評鑑，連續獲得最優一等獎。慈大附中與花蓮縣十所學校，及海外二十七所學校簽約締結為姊妹校，共同發揚中華文化，為世界和平及永續發展而努力。

每逢臺灣與全球各地發生嚴重天災及戰亂時，師生主動發起募心募愛活動，義演、義賣、捐竹筒、分享衣物鞋襪、贊助文具等，積極幫助受災民眾重建家園，不求回報。在小學部與幼兒園有需求時，本校高中部與國中部的大孩子，主動前往協助，大手牽小手，相親相愛扶持互助，真是人間真善美的展現。

慈大附中有特殊的人事物，讓我印象非常深刻，改變我很多想法。我在二〇〇六、二〇〇七、二〇〇九、二〇一一、二〇一三、二〇一五、二〇一六與二〇一七這八年，親自帶領慈大附中師生赴中國大陸、馬來西亞、新加坡、印尼與美國等國家交流訪問。除了訪問學校，更參觀海外慈濟會所，關懷照顧戶與敬老院，慰問醫院及洗腎中心患者，也有機會以人文采風，深入了解多元文化，同時發表論文，闡揚慈濟美善教育。

師生有感於所見所聞，啟發出良知良能，格外珍惜我們所擁有的幸福生活，願意充實自我，關懷人群，貢獻社會，見苦知福、惜福造福，成為堅強的世界公民。慈大附中家長認同上人的慈濟教育理念，鼓勵孩子到花蓮慈大附中就學，真是師親生同心同德，朝著慈悲喜捨的目標邁進。

歷屆家長會由會長領導，贊助教育活動經費，鼓勵師生創新發明，增購教學設備，調解家長間的誤會，幫助貧困學生，帶領孩子參與志工服務，組織班親會凝聚班級向心力等，促進學校發展，家長成為慈大附中最大的資產。我更積極創造家長參與學校教育的機會，歡迎家長代表一同為孩子遴選優秀教師，大幅提升教學品質。

如同大雁 引領學子展翅

靜思語是上人的智慧語，慈大附中的靜思語教學採多元方式，重要的實踐作為包括，導師與學生每日誦讀及討論，或將靜思語與時事結合，輔導學生將靜思語融入生活，成為生活的準則。

將靜思語融入學科領域教學，幫助學生建立後設認知；各項人文課程活動中，列入靜思語，完成學習的認知、情意與技能三大目標；鼓勵學生背誦英文靜思語，強化英語能力並建立正確人生觀；每日收看大愛電視臺《人間菩提》節目，聆聽師公上人開示，接受靜思語薰陶。

鼓勵學生參加靜思語漫畫或書法比賽，公開展示優良作品，以藝術陶冶品德；舉行教師靜思語教學設計發表會，分享優良教案，並驗收靜思語教學成果；以靜思語布置校園各場所，收境教功效；將靜思語列入中心德目與學年的學習總目標，全校師生一起討論，一起思考，一起精進；以靜思語引導師生參與志工服務，修身與助人並進。

我在每學年的開學典禮中，也選用一句靜思語，期勉全校師生，更在學年過程中，於適當時機，不斷地詮釋這句靜思語的意涵，檢視實踐成果，幫助師生將靜思語內化為人格特質，帶領師親生組織生命共同體，合心、和氣、互愛、協力。

上人於二〇〇〇年創設慈濟大學附屬高級中學，隨即成立了「慈誠懿德會」，慈濟委員洪若岑一肩挑起總幹事之責，將慈大附中慈懿會經營得有聲有色。在校園中與班級學生組成「慈懿家族」，每月聚會，分享生活點滴；規劃實施人文課程活動，培養學生人文精神；關懷學生，輔導正向思考，面對挫折與挑戰；協辦招生工作，護持導師經營班級等。慈懿爸媽的長情大愛，註解了刻骨銘心的校園親子緣。

慈誠爸爸及懿德媽媽是全校師生的「人品典範」，如同大雁，引領著青年學子展翅飛翔，遨遊在寬廣無際的天空，追尋理想，築夢踏實。全校師生有感於慈懿爸媽的付出無所求，更加努力教學與學習，表現亮麗，校務順暢，幼兒園增班一班、國小部增班十三班、國中部增班六班，高中部滿招，在少子化年代，如此成績令人刮目相看。

人生足跡 步步踏實

慈大附中的孩子長期接受慈濟人文教育，自然而然培養了良善情懷，蒞校參訪的外賓，經常誇讚我們的孩子相貌清秀、舉止文雅、態度大方，彬彬有禮又不失活潑機靈。我們組團至海外交流時，在機場、在學校、在市街、在醫院、在名勝古蹟，慈大附中小師生整齊有序的隊伍都受到矚目，外國遊客經常前來探問：「你們是哪一個團體？」我們總是謙和地回答：「我們是來自臺灣的慈大附中人文交流團。」

二〇一三年赴新馬交流訪問，回程在新加坡樟宜機場候機，尚須等待一段時間，學生主動為其他旅客演唱〈美好的一天〉及〈感謝〉兩首手語歌曲，清亮的歌聲縈繞在寬闊的機場，宛如天使之音，贏得旅客們如雷的掌聲，我真是以慈大附中的孩子們為榮。

花蓮地區每逢夏、秋兩季，常有颱風登陸或過境，我都駐守在宿舍陪伴學生，指揮處理突發事件。風雨停歇後，校園裡有許多斷枝與落葉，我和師生自動自發拿起掃具，清理校園，在很短的時間內，校園、教室與廊道又是整潔幽靜了。

週末假日，慈大附中孩子積極參與志工服務，在醫院、老人之家、環保站、教養院、榮民之家、社區國小，與照顧戶家庭等，都見到他們的身影，膚慰老人與病患、教導院童與小學生、垃圾分類、資源回收、清理社區及住家環境，慈大附中孩子深深體會「施比受更有福」。

誠如上人的靜思語：「踏實的人生，在於付出愛心、有成就感，而歡喜自在。」我在慈大附中擔任校長十一年，感恩上人指導，感恩師親生一同學習、一同成長，學校日益茁壯，校譽高升。今逢設校二十周年，祝福校運昌隆、永續立世。

憶當年 慈大實小創校艱

口述／楊月鳳
整理／詹明珠、黃素貞

回首二十年前的慈濟小學，籌辦學校之不易，首任校長楊月鳳風塵僕僕從臺北來到花蓮，因為認同慈濟理念，憑著辦好學校的一分心念，希望給予最有力的協助。創校過程充滿著艱辛和許多挑戰，但楊校長不畏艱難，在隨師證嚴上人當中，更加堅定自己的責任，一肩挑起教育之大樑；終於，「慈濟大學實驗國民小學」在眾人的祝福下開學，秉持上人的教育理念──「教之以禮，育之以德」，矢志培養孩子們成為有品德、有人文的好學生為目標。

加入慈濟教聯會 帶動靜思語教學

一九九五年四月，當時我在臺北縣(現為新北市)錦和國小擔任校長，受到北區資深的慈濟志工楊月娥邀約，搭乘慈濟列車，回到花蓮尋根，開啟與慈濟的因緣。這趟尋根之旅，認識了北區慈濟教師聯誼會的副總幹事連麗香，與我講述許多慈濟的故事，並邀約參與暑假由教聯會舉辦的「教師尋根」活動，從此加入教聯會，也積極參與教聯會活動。

「如何把學生教好？」這個我一直在探究的問題，就在「教師尋根」活動中，第一次接觸到證嚴上人的「靜思語」，如獲至寶；它對於學生的品德、生活及道德教育，都有很大的幫助，正好可以將這樣的理念帶回學校，希望透過「靜思語教學」影響並帶動學校師生。

一九九六年，正逢慈濟三十周年，慈濟臺北分會舉辦靜思語教學成果展，我感覺這麼好的教材應該要讓更多人知道，於是建議是否也能在臺北的其他學校展出？因緣際會下，成果展來到錦和國小舉辦，起初受到「宗教不能進入校園」的反對聲浪影響，於是我特別去邀請臺北縣教育局課長，以及縣內資深的校長來觀看，受到認同與肯定。其中如「好話一句、鼓勵孩子做好事……」這樣的想法跟家長和師長說明後，也獲得相當的支持，那次靜思語教學成果展辦得相當成功。

爾後，我開始帶動錦和國小的師長們辦理靜思語教學研習會，同時開放給其他學校老師們參與；第一次的靜思語教學研習會來了一百多位老師，鼓勵了我，更加努力推動靜思語到各個校園中。

創校過程艱辛 化阻礙為大愛

一九九七年四月，慈濟基金會林碧玉副總執行長問我：「什麼時候退休？」我回答：「隨時都可以啊！」她接著問：「可以回來花蓮籌備慈濟小學嗎？」我心裡想：「怎麼可能？」四月份才提出退休申請，六月份必須拿到退休令，時間上根本不可能；再加上政府的年度退休預算，早已經編列完成。不過還是抱著試試看的念頭，於是親自寫公文、跑公文，進行多方的溝通協調，才順利地完成退休手續，如期地在六月份拿到退休令。

八月初抵達花蓮，立即著手籌備創校事宜，創校過程充滿艱辛和挑戰。一切從無到有，凡事都得親力親為、按部就班，繁複的法規、地目變更、環境影響評估，這些都還不是最困難的事，籌備才剛開始，來自四面八方，不同的意見不斷湧入耳際，人事的壓力，讓我在推動上遇到層層障礙，難以承受……

2004 年 6 月 8 日，第三屆畢業生於運動場旁草皮植下第三屆畢業紀念樹（楊月鳳校長 / 中。提供 / 慈大附中人文室）

我跟林副總藉口說要回臺北搜集資料，其實是萌生退意，想在一切都還沒開始前就離開，才不會造成別人的困擾，後來幾經思考又留下來。因為想到上人曾經告訴我：「再利的鋼刀都要磨……」其實我不是害怕被磨，而是有許多不能改變的事讓我覺得無奈。

籌備校舍有三年之久，這三年裡，我有機會隨師在上人身邊，親眼目睹身體羸弱的上人辛苦地教化眾生，再艱難也不以為苦，隨師期間收穫良多，對自己的退轉心感到慚愧，想起自己受到的壓力和上人比起來，根本是芝麻小事。調適好心情之後，我知道這是自己該挑起的責任，答應了就應該信守承諾，克服心理的障礙，積極地為建校做好最佳的準備。

一所學校的創設，千頭萬緒，當校地地目變更有著落之後，接著邀請全球頂尖的建築設計事務所——美國公司ＳＯＭ（Skidmore, Owings & Merrill LLP）、和國內許常吉建築師合作設計校園。校園設計以德、智、體、群、美五育均衡發展，及慈濟中學、小學資源共享原則來設計。一九九九年七月十一日，慈濟中、小學校地終於順利動土。不料，就在動土後的兩個多月，臺灣接連發生九二一大地震和嘉義一〇二二大地震，造成許多學校建築物損毀。上人憂心「孩子的教育不能等」，短期間內迅速認養援建五十所「希望工程」學校，慈濟中、小學建校的工程因而延宕下來。但也因為這次的因緣，營建與建築單位累積了SRC（Steel Reinforced Concrete）工法，也就是結合「鋼骨」、「鋼筋」、「混凝土」強化建築抗震的經驗與能力，當校舍重新復工時，學校的建築重新施以SRC工法強化品質，更加堅固與防震。就如 上人所期待：在災難發生時有兩個地方不能倒：一是救人的醫院、二是做為避難所的學校，讓慈濟中、小學校舍成為百年樹人的教育堡壘。

招生瓶頸智慧化解 師資培訓有備而來

校舍有了眉目，但招生卻遇上困難，當時因花蓮鄰近學校感受到慈濟中、小學招生帶來的競爭壓力，外界出現不同的聲音，希望慈濟學校招收慈濟人的小孩就好，但這樣一來，招生備受侷限。

為了讓其他學校放心，我們以最大誠意逐一拜訪，第一點表明私立學校學費一定高於一般公立學校，公立學校在學費上占優勢；第二點，我們有人文教育課程、花道、茶道設備，中學裡還設有天文臺，這是其他學校缺乏的，如果各校能夠合作，資源即能共享，但其他學校仍舊耿耿於懷。

當時慈大實小第一屆招生，大部分學生是以慈濟志業體同仁以及全臺慈濟人的小孩為主，僅有幾位來自花蓮當地的學生，校方將學生來源製成表格後，我們再次拜訪各個學校，向他們證明花蓮的學生並未湧入慈濟，請他們安心。

當時學生要進來就讀慈大實小，並沒有那麼容易，報名的學生很多，為了秉持公平、公正的原則，連花蓮縣教育局督學也來監督學校招生抽籤的公平性。小學不提供住宿，從外地來的孩子，我要求必須要有一位家長住到花蓮來陪伴孩子，因為十二歲以下的孩子，是需要父母陪伴的黃金時期。另外還有一位居住在外地的家長，一心想讓孩子就讀慈大實小，但要抽到籤並不容易，正好在申請評估之際，發現孩子擁有雙重國籍，得以外國人身分優先錄取，終於圓滿讓孩子入學的夢想。

師資招聘也是採取公平、公開的原則，我當時邀請臺灣師範大學、花蓮師範學院，以及慈濟大學教育研究所的教授們共同出筆試題目，並請慈濟大學與花蓮師範學院的教授來進行口試，做到絕對的公平、公正。慈大實小是二〇〇〇年創校，但教育部在二〇〇一年要開始實施九年一貫的新課程，我們希望創校即用新課程，於是請來我的老師——自然科學專家柯啟瑤老師，請他為慈小培訓自然科老師。

柯老師認為既然新學校要成立，當然每個學科都要培訓，於是邀約了師範大學各科別的教授共同來圓滿。柯老師的一句話很令我感動又很感恩，他說：「慈濟為社會做那麼多事，就讓我為慈濟做一件事！」由於慈濟的老師人數不多，不如開放分享給全省有心精進的老師參加研習，因此商借臺灣師範大學的圖書館擴大辦理新課程研習會，細節部分請花蓮師範學院的老師補充，慈大實小的師資提早半年預聘並且做好紮實的培訓準備，一切皆有備而來。

慈濟人文融入課程　布善種子從小扎根

二〇〇〇年八月三十日舉行創校開學典禮，慈大實小在眾人的祝福下開學，第一屆招生一到五年級共有一百三十七位學生就讀，因當時新校舍還沒蓋好，中學和小學部都要借用慈濟大學本校校區上課，也因此小學的孩子打趣地告訴爸媽：「我要去大學上課囉！」二〇〇〇年十月二十九日，中學和小學開學後的兩個月，搬遷回到介仁街六十七號中學校區（現為慈濟大學人文社會學院校區）上課，終於在二〇〇一年八月二十日正式遷入介仁街一百七十八號校地的慈大實小校區。

慈濟教育體制以「慈悲喜捨」四無量心為校訓，秉持證嚴上人「教之以禮，育之以德」培養成有品德、有人文的好學生為目標。與其他學校的教學方向不同之處，更重視學生的品德教育與生活教育，因此從慈小第一屆開始，靜思茶道、花道，以及靜思語教學等慈濟人文課程融入其中。除了課堂上教學，更重視志工服務精神，舉凡養老院、育幼院、榮民之家等機構，讓孩子們有機會見苦知福，從小扎根培養志工服務精神，布下善的種子。

回眸二十年，當年的那一人、那一事、那一念，依然歷歷在目，記憶猶新。一路走來，很欣慰的是看到畢業的孩子們，在社會上各個領域中，都有不錯的發展。二十年來，我最要感恩的是，從第一屆開始和我一起開疆闢土，攜手並進克服種種難關，二十年後還依然堅守著崗位的師長們，大家默默地為教育做奉獻，精神值得效法。

掃廁所的榮耀

口述／王佩茹
整理／黃湘卉

王佩茹，一九七二年出生於臺南縣麻豆鎮。高中畢業那年，偶然聽到證嚴上人的開示，內心非常地喜歡。一九九〇年就讀國立新竹師範學院，正好清華大學研究所的張子貴正在號召年輕人來認識慈濟。一九九一年暑假，參加慈濟大專青年醫療志工隊，來到花蓮慈濟醫院服務；而慈濟大專青年聯誼會，就在隔年五月三十一日在慈濟臺北分會正式成立，王佩茹即是當時規劃成立的幹部之一。一九九九年九二一地震後，得知慈大實小招募教師，她毫不猶豫地前來應徵，一圓多年來希望投入慈濟志業體服務的心願。

一日慈青　終生慈青

一九八九年，位於新竹的清華大學、交通大學，多位志趣相投的學生，開始積極將慈濟人文帶入各大專院校，他們不定期舉辦茶會、共修、參訪，讓更多同學認識慈濟精神，並參與委員關懷貧戶；一九九一年六月，正式組隊回花蓮慈濟醫院擔任醫療志工，藉由病人的示現，讓同學深深體悟生命的無常，進而反省自身生命的價值與意義，從服務中學習課堂上學不到的人生智慧。

在新竹師範學院讀書時，慈青尚未成立，跟著張子貴他們一起參與慈濟活動，才慢慢地找到慈濟清流入校園的方式，新竹師院慈青社是從我一個人開始；一個人走很快，但有一群人一起走，才可以走更長久。一開始就非常投入慈青工作，有時候還會利用上課時間寫慈青活動企劃書等等，很多事情都是自己來，那時候的指導師父是德悔師父，對慈青的要求很嚴格，包括能力的訓練、做事的規矩……但慈青夥伴們也對師父服服貼貼的，許多桀驁不馴的年輕人都可以感受到師父的一分愛。

慈青聯誼會成立之初，上人對慈青有三項期勉：一為利用課餘做慈濟；二是培養悲天憫人的胸襟；三為學習與各式各樣的人相處。上人對慈青慈示：「將來社會是好是壞？如何讓各行各業循規蹈矩成為安定社會的力量，就看現在的年輕人。青少年是社會的希望，是家庭的希望，是人生的希望，我們的世界、我們的人生，假如沒有一群很好的青年，將來這個世間不就是黑暗的嗎？」而上人對慈青的愛與期許，也成為我一生的重要指南。

我熱愛教育，在參加慈青的過程中，常會思考「教育，是如何讓人願意改變？」從參與慈濟活動的過程中，我慢慢找到答案。當時帶領慈青的師姑、師伯，大都是來自社會各行各業，每個人的背景、眼界都有自己獨特的專業；他們會跟年輕人對話，分享他們的人生經驗與閱歷，是各區很精進的人間菩薩，看到他們的身行典範，感受到他們用生命在做慈濟，加上他們對年輕人的關心、耐心、尊重與包容，成就了我們學習成長的舞臺。是這分有智慧的愛，改變了許多年輕學子的心，願意朝向更善更美的人生方向。

當我在慈青時，就在想有朝一日成為正式老師，希望將在慈青感受到的愛傳遞下去，「一日為慈青，終生為慈青」，在校園裡誠誠懇懇地從小扎根，培育幼苗，讓慈濟的人文精神，在校園及社會中成為一股綿綿不絕的清流。

生活教育　未來國民素質

一九九四年我從新竹師院畢業，在新竹寶山鄉三峰國小任教，開始於班上、校園推靜思語；一九九八年因結婚請調臺北市百齡國小並參與慈青學長會。當時，上人都會在慈青營隊中對著幹部語重心長地說：「我們的學校快蓋好了，大家要回來承擔。」我那時想法很單純：「既然老人家開口了，作為弟子的就要護持，這是本分。」一九九九年，當我和先生（熊毅）結束了九二一災區志工服務，突然得知慈大實小要招考老師，就報名教師甄試，而且考上了，抱持著「隨順因緣」的心，我辭掉公立學校的教職，二〇〇〇年八月來到慈大實小報到，那學期承擔二年級的級任導師，全班有二十一位學生。

創業維艱，創校時慈大實小校舍因為九二一地震國殤之際而延遲啟用，開學先借用慈濟大學教室上課，我們班分配到茶道教室，小學生每天都帶著興奮的心情到大學探險，充滿樂趣。一切從零開始，我們不斷思考，上人的教育方向很明確，但在學校如何落實？生活教育怎麼推？慈大實小的品德環境如何營造？在在考驗著師長們。我除了承擔級任外，還兼行政工作，規劃全校的大型活動。創校校長楊月鳳強調，「所有的孩子都是我們的孩子，所有的老師都是孩子的老師。」也就是每個老師都有指導孩子的責任，這樣才能形塑真正的品德校園。

不過，因為看到每個老師對生活教育有不同的解讀與做法，為了統一生活教育的指導方式，我們開始作了許多研究，地應該怎麼掃、窗戶應該怎麼擦？後來發現了日本教育部出的一套生活禮儀的書：《我是個有禮貌的孩子》以漫畫的形式，拆解了所有的生活禮儀步驟，內容簡單易教導，為了找出適合慈大實小使用的生活教育，我們模仿日本教導的方式，將所有的導師分配製作食、衣、住、行等簡報，把所有的步驟確定好，之後大家討論、實踐，慢慢地修到現在，才有了現在慈大實小統一的生活禮儀默契。

在慈大實小鼓勵表現優秀的學生，不是給他物質的獎賞，而是給他「服務的機會」。例如掃廁所，是過去學校裡的一種「懲罰」，但在慈大實小，是好學生才有的榮耀。說起掃廁所可有趣了，那是我們班的班風，「一個孩子能彎得下腰，去把最汙穢的地方打掃乾淨，這是相當了不起的。」因此，當我知道我們班要負責掃廁所時，我覺得機不可失，但我也知道班上孩子都大有來頭，家裡經濟狀況都不錯，若是直接分配掃地工作，可能會錯失教育孩子的大好機會。因此，

王佩茹主任（提供 / 慈大附中人文室）

我先在班上進行討論。我說，猜猜看，全校有一個最重要的地方，是哪裡？學生七嘴八舌地討論，最後同意廁所是一個比校長室更重要、更偉大的地方。我再說，這麼重要的地方不是一般人能掃的，重要的地方只有最優秀、最有本事的人物，才有資格掃它。

重要的地方 大家搶著做

突然比校長室還偉大的地方出現，學生「輸人不輸陣」（臺語）嘛！每個人都要來爭取。那你覺得自己能掃廁所的舉手，大概十幾位舉手。「我只能選四個人，你們都很有心，很棒，好，謝謝你們，請這些人站起來。」「第一個本分事能做好的人繼續站著。」那些可能功課寫不好，不交作業的就被同學點名坐下去。「你在家有做家事的繼續站著」、「在學校掃地非常認真負責的」就剩下七個學生。

一個人的成功，不一定是努力就會成功，也要看老天爺要不要給你機會。

我對這七個孩子說：「優秀的人才能掃廁所，你們都很優秀，我知道，但你們當中誰才能獲得掃廁所的機會，還要看天意。」我就請這七個人猜拳，四個贏三個輸；贏的人很開心，很驕傲地領了工作，輸的也虎視眈眈地盯著贏的同學，因為他們若沒有好好掃廁所，後補的同學是可以遞補的。所以，在我們班，能掃廁所是一種榮譽。

這個地方是非常重要的地方，所以我們班真的到很瘋狂的狀況。有一個學生媽媽是醫生娘，家裡根本都是請傭人在掃廁所的，就為了孩子爭取到掃廁所的機會，就跟著孩子研究怎麼掃才乾淨；還有一位家長志工都會跟著我，幫我研究用哪一種洗廁劑？用哪一種工具？玻璃要怎麼刮才會乾淨？日本很重視生活教育，有一個從日本回來的媽媽，我們還請教她掃廁所的要領；那時候掃廁所，真的是很大的榮譽。

因為孩子用心投入掃廁所，他們還會在廁所裡面布置，布置得很漂亮，就像五星級廁所一樣，學生下課、看書都跑去廁所；因為太乾淨了，學生都會去顧著廁所，看看誰沒有好好使用，他們都會顧好。二〇〇一年學生三年級了，我記得蕭睿成爭取到掃廁所的機會，連在家都會練習洗廁所，他的爸爸蕭正光那時是慈濟大學的教授，同時也是家長會會長，就跟他說：「兒子啊！你書讀得好不好，那是靠你自己，可是你能把廁所掃好，爸爸以你為榮。」

其實一個人願意彎腰，把最髒的地方清理乾淨，那是不容易的。學生就是從這裡慢慢地訓練，我一開始就把它定義為這個地方是很重要的，才會有掃廁所是榮譽的風氣；就是說優秀的學生掃廁所，那所謂優秀的學生並不是說，成績最好的學生才是優秀，而是他能夠自己照顧好自己，能夠負起責任，不但把本分事做好，還有能力去把這項工作做好。

家長志工　學校後援

慈大實小剛創校，家長對小孩的適應狀況均持以高度關切。「家長應該會想進教室了解孩子學習的情況，如果讓他們同時有事做，他們會覺得較自在，這就是我們班『家長志工』的由來。」秉持親師生共同成長的心，我從接任班導師開始，就在班上成立班親會，教室內開闢「家長專區」，只要家長有意願，隨時可以來看孩子上課的情形；除此之外，還設有老師和家長溝通分享的留言簿——親師手札。

翻開《親師手札》，裡面有老師請家長協助的事項清單：「幫忙製作英語學習檔案；在學生的牙刷、牙膏和杯子上貼名條；乃至協助安排家訪等，內容五花八門。」有空的家長可自由認領工作，不致造成困擾。家住學校對面的林杏安，每天由媽媽送至學校；進入教室後，杏安媽媽即打開《親師手札》，看看老師有沒有交代事情要幫忙，也看看其他家長的留言。有時候，杏安媽媽會留在「家長專區」製作教具，一邊開心地看著孩子和老師的互動情形。放學鐘聲一響，母女倆牽手回家，一路上像同學般聊著學校的趣事。

杏安媽媽是家庭主婦，她常常來報到；日久下來，就算沒事也一樣到教室和小朋友一起上課，我總愛號稱她是三十位學生之外的「第三十一號」。家長志工在班上愈做愈有心得，和老師之間的留言簿，也成為班上師親生之間訊息流通的橋梁。較沒空來學校的家長，透過此訊息的流通，可透視孩子們的就學及其他家長運作情形。漸漸地，許多有空的家長也來投入，他們依所長，分交通組、聯絡組、帳務組及文書組等，組織清楚、功能分明，極致發揮專長；除支援班上事務，也支援全校性的大型活動。

長久下來，師親生已醞釀出屬於我們自己的默契。假日，我們或是去露營、溯溪、進行大自然學習之旅；或到氣象臺探究氣象知識；或至太巴塱地區和他校學生足球聯誼……也因和孩子相處漸多，親情日漸濃郁，三年下來，整個班級就像一個大家庭一樣。家長在參與班上事務及活動的同時，可以了解老師如何帶動孩子的學習，我也有機會跟家長分享慈濟的教育理念，溝通親子教育的想法，「他們愈了解，就會愈支持學校的教育理念，甚至也帶進家庭教育中。」

走過二十年，在這片校園裡，當初光禿禿的校園，現在已變得綠意盎然，小樹真的長大了，十年樹木百年樹人，慈大實小歷經了許多人事物的變化，現在成就的一切，都是多少人的護持與投入呀！內心真的非常感恩上人、全球慈濟人，以及曾經在慈大實小的校長、老師及孩子、家長。回顧當初來慈大實小的心念很單純，就是希望把上人的教育理念落實。我自己是慈青出身，一直沒有忘了上人的疼愛與叮嚀，師姑、師伯用生命陪我們走過來的點點滴滴。我的思維就是這些有緣進來慈大實小的學生，都是一顆顆善良的種子，都是未來的慈青。我希望走到第一線去，直接陪伴老師，帶動我們的孩子，啟發善啟發愛，讓孩子因為有豐厚的愛，未來成為提燈照路的人。

慈濟實踐我的教學理念

口述／白麗美
整理／葉金英

二〇〇四年，白麗美皈依證嚴上人，二〇〇五年由職場退休，全心投入慈濟。經過舉薦，到慈大實小承擔第二任校長一職。在慈大實小服務期間，重視品德教育與環保教育，培養學生良好的觀念。二〇〇九年八月退休，回歸社區深耕，投入慈濟志工行列。

花蓮的震撼教育

從小我的家境清寒，在逆境艱困中成長。感謝父母的堅持與鼓勵，讓我在教育園地廣植福田。一九九八年通過校長甄試後，八月接任臺北市景美國小校長。二〇〇一年八月，接掌建安國小校長，推動九年一貫課程統整，及資訊融入各科教學，同時在臺北市立師範學院兼任講師。

臺北市屬於大都會區，相對家長較重視學業成績，學生間競爭壓力大，和我的教育理念有點差距，我一直很希望多加強學生的品德教育。在建安國小時，有一天，學生跑到校長室問我：「校長，妳有沒有煩惱？」我說：「當然有啊！我有很多事情要花時間去想。」「那妳怎麼辦呢？」我說：「想辦法跟大家溝通，解決問題。」他說：「校長，我送妳一句話，『慈悲沒有敵人，智慧不起煩惱。』」我很訝異，為什麼小孩子會說出這樣一句話；這才知道，原來是慈濟大愛媽媽分享的「靜思語」。

二〇〇二年因緣成熟，透過學生的家長介紹，認識慈濟、接觸慈濟，了解到證嚴上人的教育理念，是「教之以禮、育之以德」，我非常認同，於是加入教聯會。在教育界待了三十四年，該退休了。二〇〇四年皈依上人，二〇〇五年由職場退休，開啟第二生涯規畫，全心投入慈濟。經過舉薦，我到慈大實小擔任校長一職。

二〇〇五年的秋天，我來到花蓮，剛報到不久，就接連遇到兩個颱風的考驗。九月初開學，碰上泰利颱風，威力很大，慈大實小校園內的屋頂瓦片部分被掀掉，門窗也有損壞；不到一個月，十月三日的龍王颱風，花蓮許多地方用戶停電，街上招牌掉落，校園裡樹木都倒了……

教室走廊上的飲水機整個被吹到操場上，校園受損嚴重。依照我的經驗判斷，打掃工作可能需要一星期。後來，學校動員所有教職員工和學生家長，以及各地的慈濟志工，大家不分你我紛紛投入幫忙整頓。沒想到一天內就打掃完畢，樹木一一扶正，校園變乾淨了，學生很快地恢復上課。其實，學校每次有活動舉辦，大家都用心參與，學生很勤快，家長相當支持，老師們彼此合作，那樣美好的畫面，現在想起來都非常難忘。

在臺北的學校，學生人數約三、四千人，我很難照顧到每位學生。來到慈大實小以後，班級數不多，每天早上我都會站在校門口，迎接孩子們上學，甚至叫得出學生的名字。有時，剛好遇到學生家長，就和他們討論學生的學習狀況，感覺像家人一樣親切，終於可以實踐我的教學理念。

白麗美校長（右一）與第八屆畢業班學生植畢業紀念樹（提供／慈大附中人文室）

落實品格教學

對於學校經營，我了解到許多人並不認識慈大實小，於是我和教務主任建立共識，一起推動課程發展，以人文課程為主題，發展與創新，落實品格教育。我和老師們利用課餘時間，研討相關的重點。在我任職第三年，終於有了成果，獲得花蓮縣政府教育局的肯定，推薦慈大實小為品格教學的典範學校。

在慈大實小服務期間，重視品德教育與環保教育，培養學生良好的觀念。品學兼優，不只在乎成績好，應該要以服務他人為目的。學生當小志工，幫忙資源回收，打掃廁所，以及校園維護，等到學期末了，學校安排各班的小志工與校長共進午餐，這分榮譽感，激勵學生們都開心地付出。

有一位學生擔任環保小志工，他告訴我，將來的志願是做生意，開店賣腳踏車，人人都騎腳踏車不要開車，才不會汙染空氣品質；小孩子志向遠大，我也祝福他能成功。許多就讀慈大實小的孩子，心念非常單純，觀念都很好，不想要賺很多錢，或是住大房子。

在江拓霖老師的班上，有五個注意力不集中的孩子，要帶領他們成長，單憑一位老師的力量無法做到。於是我與教學團隊，整合教育、醫療、家庭力量，堅持教導孩子生活規矩、明辨是非，不放棄任何一個孩子，二〇〇九年他們終於都順利畢業。我從第一任楊月鳳校長的手中，接下校長一職；轉眼四年過後，階段性的任務完成；二〇〇九年八月一日，慈大實小進行新舊任校長交接，由蔣碧珠校長接下棒子。

那天在靜思精舍的志工早會結束後，上人親臨慈大實小參加交接典禮。上人提到，白校長一來到慈大實小就受到震撼教育，領教了花蓮颱風的強烈，但是她很有責任感，也很令我感動。颱風過後，我到小學，就看到校長在校園裡已經巡視過校園，這種以校為家、疼惜孩子、關懷老師，都令我感動。上人讚歎：「白校長的用心投入，如今四年任期已滿，白校長將返回北區投入教師聯誼會的帶動。」

上人說過，退休不是休息，是換個跑道重新再開始。雖然離開慈大實小，但我並不會離開慈濟。我向上人說：「我愛上人的心，愛慈濟的心，永遠不會改變，我要勤行菩薩道的心，也永遠不會退轉。」

良師指引 志為良師

口述／蔣碧珠
整理／葉金英、曾修宜

一九五〇年，蔣碧珠出生於南投縣集集鎮。小學就讀彰化縣員林鎮育英國小，四年級的級任老師蕭金榮，教學認真，嚴而不苛、話不多；有一天傍晚放學前，蕭老師突然對她說：「蔣碧珠，下課後妳先到賴吉美同學家。」蕭老師知道她的家庭經濟狀況，想讓她加入家教班，卻不收學費。蕭老師對她的疼惜她永遠記在心裡，當時默默許下一個心願：將來要當一個和蕭老師一樣的好老師。這念心，影響她的一生。

順遂生涯 遭逢世紀大災難

一九七〇年，我從嘉義師範專科學校（現為國立嘉義大學）畢業之後，奉派到南投縣名間鄉新街國小任教。之後，利用課餘時間到臺中市中興大學讀外文系，畢業後考上國中英語老師，奉派南投縣鹿谷鄉瑞峰國中。因為瑞峰國中路途遙遠，交通又不方便，一天來回只有兩班車，所以沒去報到，仍留在原校教書。第二年，校長鼓勵我去考國小主任，考上主任那一年是一九七六年，我二十六歲，是同期中年紀最小的。

當主任六年後，我申請調動到離家較近的南投市漳和國小，當時兩個孩子還是幼兒，服務七年後，在縣府主任督學和校長的鼓勵下，考上校長，那是一九九〇年我四十歲。先後歷任信義鄉隆華國小、中寮鄉永康國小、南投市僑建國小等三所學校校長。

一九九九年八月十九日我調派到南投國小，二十三日上任，不到一個月的時間就遇到九二一大地震。當晚凌晨一點四十七分強震突起，左右搖晃上下挫斷，一百零二秒的瞬間，許多建築物倒塌，民眾死傷慘重；尤其，中臺灣受災最重，南投國小校舍主體結構受挫、鋼筋扭曲變形，一千八百多個學生，只好先在帳棚上課，忍受著風吹沙、大太陽、小蚊蟲，以及班與班上課的相互干擾，於是我決定去請求慈濟支援簡易教室，讓學生有一個較安心的學習空間。不久，證嚴上人親臨關懷，不忍學生受苦難，十一月三十日臺灣北區慈濟師兄、師姊們如螞蟻雄兵般，進入校園迅速趕搭，從清晨做到黑夜，校內老師、家長也投入其中，大家同心協力，四天半蓋好二十五間簡易教室，有人說是奇蹟，我覺得更是無數愛心的展現，所以稱它為「大愛教室」。

慈濟接著繼續認養本校的重建希望工程，許學生們一個希望的未來。兩年半重建期間，學生在簡易教室上課，空間雖不大，但教室裡有情有愛、還有歡笑聲，硬體工程持續做，軟體的慈濟人文課程跟著進入校園，臺北區教聯會老師們每個月一次南下舉辦「震動大愛重建『笑』園的師親生成長班」，大家熱烈參與，把「靜思語教學」融入情境布置，家長也從聯絡簿上接觸到靜思語，一起運用在生活中。

初識慈濟　投入靜思語教學

追憶往事，我認識慈濟是在一九九〇年的一天晚上，在南投市中興新村的中興會堂，聆聽上人主講「幸福人生講座」，當晚室內、戶外座無虛席，上人告訴

蔣碧珠校長（前排右一）與老師們一起回精舍做香積志工（提供 / 慈大附中人文室）

大家：清淨在源頭，要把心裡的垃圾清掉，使心清淨無染，讓家家平安喜樂。令我感動不已，且深刻烙印在腦海中，於是加入慈濟功德會會員。

一九九六年，參加第一次全國校長尋根之旅，參訪花蓮靜思精舍，並參與倪美英老師的靜思語教學，發現靜思語的妙用，進一步認識慈濟；看到上人柔弱的法體，卻以信心、毅力和勇氣帶領慈濟人做許多利益眾生的美善事，打從內心非常地崇敬！

一九九六年八月接任南投市僑建國小，每天晨會以一句靜思語和全體老師互勉，老師也帶回班級指導學生。有一天早上，我在校門口迎接學生上學時，一位推著餐車的媽媽，高興地走過來跟我說：「校長，妳每天給小朋友的好話一句，我都有學到喔！」我微笑地告訴她：「那是慈濟證嚴法師的靜思語，我們和學生一起來學習，落實好話在生活中。」

三年後轉任南投國小，擔任校長六年，二〇〇六年二月退休，三月即參加培訓，受證成為慈濟委員，把對慈濟的感恩化為行動，希望發揮生命良能，無所求付出，做一個愛人助人的慈濟人。

二〇〇九年承蒙上人在臺中舊會所先後兩次召見，八月一日到花蓮慈大實小與白麗美校長辦理交接，就任慈大實小第三任校長，積極認識學校，著手規劃並推動校務。

上人慈示：「教育就像種樹，從小種起，樹根才能和土壤緊密結合。」慈大實小從幼兒園到小學，除了基本課程外，特別重視人文品德教育，希望培育出「三品三好」健康快樂的學生——做人有品德，做事有品質，生活有品味；強調做到「三好」：存好心、說好話、做好事。教之以禮、育之以德，更透過茶道、花道、書道、靜思語教學和生活禮儀等五項人文課程，薰習學生成為個個有禮有德的好兒童。

慈小的校長、老師，一律都穿制服，以身示教。每天上午第二節下課，是美化校園的時間，全校師生一律戴口罩，一起動手做，我也放下手邊的工作，陪著學生掃廁所、擦窗戶、刷洗手檯，天天做，久而久之成習慣，只要音樂一響，全校都動起來，真是實做的生活教育。

外校交流 展開幸福列車

上任那一年九月，第一次參加花蓮縣國中小學的校長會議，在茶敘時間，有校長向我建議，希望慈大實小可以多與他校互動，彼此交流。

經過校務會議討論，決議與縣內公立國小實施交流活動。首先選定與大富及佳民兩所國小，走出校外，分享本校藝術與人文的成果——兒童劇演出，並展現慈小的生活儀禮，也參觀各校特色和當地住民文化及學習人際互動能力。

二〇一〇年三月三十一日，慈大實小四年級師生，分別到大富、佳民兩校進行交流活動，為他們帶來了環保生活教育的兒童劇表演，而大富、佳民國小的師生，也分別以當地客家和太魯閣族的傳統文化體驗來接待他們。

兩場城鄉交流，豐富學生的學習內涵，增進認識鄉土部落文化及民俗風情，拓展視野與人際關係，培養學生彼此尊重、接納多元文化之情操，並傳揚慈濟的美善人文。

此後，陸續亦有其他學校的師生，來到慈大實小參與花道及茶道體驗課程，從過程中領悟「靜」的真諦，與長養感恩、尊重、愛來待人接物，接觸到他們昔日從未有過的慈濟人文體驗。

上人心心念念要教育向下扎根，而教育不只是傳授知識，更要教導學生懂得做人處事的道理。靜思茶道和花道都是慈濟教育自幼兒園、小學、中學、大學學生的通識課程，學生透過學習茶道，能夠注重禮儀與形象，將茶道精神帶到生活中。在課堂上，從淨手、閉目靜心到走入「靜思茶道」，各組學員透過實際演練端茶盤與奉茶的儀禮，人文氣質就在「動」與「靜」間自然展現，期待孩子們從課程體驗中學習懂得感恩、身心柔和、儀態優雅、自愛與愛人。

而認識美，是教養的第一步；花道在展現花草自然生命力與美的同時，也讓孩子學習花型展現出來的優雅儀態，並提醒孩子要把握人生美好的時光。慈小學生在花道老師指導下，用心插出一盆盆賞心悅目的小盆花，人人懷著喜悅的心到佛堂虔誠供佛，放學時再帶回家與家人共賞。

藉著慈濟茶道、花道的人文之美，以自然為師、以禮儀自律，每一位經過人文課程薰陶的小孩都會是心中有愛、臉上有笑、人見人愛的好孩子，進而能以一顆清淨的心去欣賞一花一世界、一葉一如來，以「感恩心、尊重心、愛心」去面對成長及生活中的一切人、事、物。

感念恩師　春風化雨育良才

孟子曰：「君子有三樂，父母俱存，兄弟無故，一樂也；仰不愧於天，俯不怍於人，二樂也；得天下英才而教育之，三樂也。」如孟子所言，「得天下英才而教育之」是大多數老師最企盼的經驗，但許多弱勢或有身心障礙的孩子，也是師長們需要關注的焦點；在他們求學的過程中，較一般學生辛苦，老師不放棄任何一個學生，以愛拉他們一把，讓他們在人生路上走得更順、更有自信，也更好。

把每個學生都帶上來是教育的本質，也是目標。面對特殊的學生，需要更多的愛與耐心，學生出狀況，我也參與關懷並協助處理。記得有一位罹患妥瑞症的學生，因為無法控制身體肢體的動作，常常不小心出手打到另一位同學，造成家長間的不愉快。事後，我找了雙方家長到校商談，讓他們了解原因，並能將心比心，同理孩子。而對特別症狀孩子的家長，更須給予精神支持。另有一個學生，在教室裡總是大聲吼叫，每一次上課老師問問題時，他總是第一個舉手，接下來不斷地還想發言，老師不能每次都把機會讓給他，於是孩子就生氣了，把課本、文具全丟在地上，跑出教室。

當時剛好我經過，見到這個突發狀況，就跟在孩子後面，看他站在教室不遠處哭泣，我走到身旁抱抱他，和他一同坐下來聊一聊，同理他，舒緩孩子的情緒，最後牽著他的手走回教室。事後並與他的父母共同面對問題，建立共識，用愛與耐心陪伴孩子成長。親師合作，絕不放棄任何一個學生。

擔任慈大附小校長的每一天清晨，我都會站在校門口，迎接學生來上課。他們走到我面前，都很有禮貌地鞠躬說聲：「校長早！」我也笑容滿面地回應：「小朋友早！」曾經有位家長連續好幾天總是站在校門口不遠處，默默地觀察著。幾天後，學生都進校門了，這位家長走過來打招呼並告訴我：校長，我是住在美國的臺灣人，太太想把兩個小孩送到慈小，這幾天我一直用心觀察著，終於被感動了！看到孩子們個個服裝儀容整潔，那麼自然地跟校長道早安，校長也一樣有禮地回應，所以，我決定讓小孩來慈大實小就讀。」

任職慈大實小兩年的時間，雖校務忙，但心境愉悅！然而，眼見高齡九十的家父逐漸失智嚴重，心中不捨，極思歸鄉，乃於二〇一一年八月請辭退休，回到南投就近陪伴老父。離開慈大實小時，遇上颱風天前夕，我把老師的考績送出後，工作完成了，這是人生的過境。卸下校長一職，回到南投，我繼續當慈濟志工，帶動人文教育進校園，也走進看守所輔導受刑人。努力承擔的當下，總會想到上人的悲心，發願永遠跟隨上人，終身慈濟人，分秒不空過，步步踏實做，讓生命因做慈濟而更豐富。

一生帶著走的能力

口述／陳佩珠
整理／黃湘卉

陳佩珠，一九七四年出生於屏東縣南州鄉，國立臺中師範學院畢業。一九九九年九二一大地震時，從大樓逃生時摔倒，造成右手受傷，體會生命無常。災後，得知慈濟學校招考幼兒園老師消息，立即把握當下，前往應徵。二〇〇〇年參與慈濟大學實驗國民小學附設幼兒園籌備；因認同慈濟學校重視學生的生活教育，期待孩子學習生活規矩，懂得待人接物、進退禮儀，且從小開始，紮實地將生活教育落實在生活中，一路保持初發心，樂在幼教。

九二一地震 啟蒙善因緣

回憶起這段前塵往事，仍心有餘悸。一九九九年十月，我已經在臺中幼教界服務八年，九二一地震那晚，半夜就聽到很多磁磚一直在掉落，我跟三位室友起初還不以為意；等到我們開始驚覺不太對勁時，大家才想到應該要逃生，其中一位室友被整個倒下的衣櫥壓到，我們就趕快搶救，然後打開大門從十二樓快速跑下去。緊急逃跑的過程中，我不慎摔倒，用手去支撐而造成右手骨裂。我們整個晚上都在外面遊蕩，四個女生無家可歸，連個通訊的方法都沒有，心中掛念著家中親人是否安好；我們一直走，直到看見一間店家，我們就入內商借電話，詢問爸媽屏東家裡狀況？他們說沒事，我就掛掉電話，報喜不報憂，不敢讓他們知道自己受傷了，直到爸媽隔天看到新聞，才知道臺中災情這麼嚴重，而且我住的那棟樓也已經成了危樓。

因為災情太嚴重了，政府宣布讓災區居民休假整理家園。我跟室友討論後續去留時，室友說要去南投災區當志工，我因為手已經受傷打了石膏，什麼都不能做，只好回屏東療傷。前往臺中火車站搭車時，在客運車上看到好多慈濟志工在為九二一地震募款，心裡默默許下願望，有朝一日也要學習慈濟志工的精神，既然這次沒有辦法去當志工，至少以後等我傷好了，有機會也要跟他們一樣去做善事。

沒想到念頭一起，機會馬上就來了，十月份，媽媽告訴我花蓮慈濟學校要招

陳佩珠園長（提供 / 慈大附中人文室）

考幼兒園教師，並問我要不要考？當時第一個念頭是，那是一間吃素的學校，於是我把訊息轉知一位吃素的同事。那位同事邀我陪她一起考，我思考後答應她，兩個人就準備資料一起報考。結果，第一階段的筆試，我通過了，那位同事卻沒有通過；這就是我來到慈大實小附設幼兒園的故事。

編纂教育專冊 培養生活能力

慈大實小附設幼兒園著重在「生活教育」，因為生活自理能力是三至六歲階段的孩子最需要培養的能力，更是可以帶得走的能力。為了生活教育，我們的教師團隊不斷透過討論，規劃一本生活教育指導手冊，讓幼兒園裡面所有老師和孩子按部就班建立班級常規、培養孩子自理能力。而長期陪伴教師團隊、精益求精的國立臺東大學幼教系施淑娟教授認為：「零到六歲幼兒最重要的功課，便是學習生活教育。日常生活教育的學習對幼兒而言，不僅幫助其適應環境，也奠定獨立生活的基礎，更培養手眼協調、專注力、耐心、秩序感與愛物的好習性，是人格教育中不可缺少的，更是幼兒智能發展的重要基礎。」

為了建立孩子們的生活自理能力，我們把開學的第一個月訂定為「生活教育月」，師長們耐心、細心地指導，孩子們慢慢地練習，將學到的技能內化為自己的能力。制服鈕扣一顆顆地扣好，再翻摺；洗好抹布、關水、擰乾、掛上吊鉤；穿脫鞋子、開關門等等，看似簡單的動作，都是孩子們重要的生活能力，而生活教育闖關活動，則藉以檢視孩子們的學習成果。大孩子的生活能力充足了，展現自信，便能帶領園裡年幼的弟妹一起學習，印證了生活教育的重要。

二〇一四年九月底，我們舉辦了一場日常生活技能闖關活動，驗收孩子們的學習成果。但那天特意安排「小天使」配對，由較大的孩子負責引領小小孩，五歲的范庭婕與三歲的陳哲洋並不同班，但本就熱心助人的庭婕勝任愉快。「洋洋的哥哥跟我同班，我們早就認識了。」舉止嫻熟俐落的庭婕，五關的測試一點都難不倒她；而身旁的洋洋，則像個黏人的小弟弟，闖關時總與她形影不離。闖關遊戲結束後，庭婕和洋洋各自回到班級，與同學們共享午餐。飯後不久，我看見庭婕與另一位小女生拿起比她們高出兩個頭的拖把，在教室外面拖地；我問這是誰指派的，庭婕笑笑說是兩人主動承擔的，印證生活教育落實在學校生活中。

注重人文課程 連結主題課程

幼兒園教學的三大主軸為：人文課程、生活教育、主題課程，過去三大主軸是三條平行線；但是現在經過十幾年的規劃與成長，教師已經有辦法將主軸融合在一起。每個班級都會設立不同的主題課程，每個班級教師的課程如何與人文課程連結就會有不同的考驗，主題課程是以孩子的興趣和能力為起點，就會取決於教師如何扣緊主軸，幼兒園沒有採用簿本教學，課程會隨著孩子的回饋反應和教學過程而產生變化。

我們幼兒園的課程有別於其他學校，多了人文課程的元素，比如說：蔬食教育的部分或是環保課程等，教師也會將靜思語課程與主題教學結合。有一個班級訂定的課程主題為「開餐廳」，課程從開餐廳需要的食材出發，連結到動手種植作物，而學習種植過程中遇到作物被蝸牛吃掉，為了討論如何避免作物被蝸牛吃掉，間接學會了解決問題的能力；過程中還邀請了職業達人入班，教導孩子如何種植青菜，學習到正確種植青菜的方式，收成後開始進入烹飪學習，而當時正巧碰到印尼發生災害，因此該班就決定要辦理義賣，師生討論出義賣印尼炒泡麵，更將義賣金額捐助出去。

因此，我們幼兒園的孩子們在國際關懷的部分，更有機會接觸與學習，課程也連結到人文精神的部分，更與時事緊扣，有助孩子擴展到更廣的思維和視野；小學部因為申請國際教育的專案而辦理了「國際嘉年華」，幼兒園也一同協助辦理此活動，該班級孩子討論國際美食時，想要介紹日本，孩子學習如何親手做日本御飯糰，並且於活動中現場製作和販賣；過程中孩子不僅學會如何製作食物，還有包含了國際性的面向，學習到哪些食物是出自哪個國家，而活動最高峰的時候，更結合了母親節，孩子們決定親手烹煮義大利麵，並邀約家長進學校享用燭光晚餐，更貼心地為不能進來用餐的家長準備了便當。

夜宿初體驗　畢業生展現自主力

最令所有幼兒園校友終身難忘、回味無窮的活動「畢業宿營」，可說是生活教育的總檢視。從行前的規畫、討論及節目的安排，乃至場地的布置，都是在老師的陪伴引導下，孩子們一起動手完成的。我們邀請家長一起到校參加感恩餐會，由小朋友幫父母親打餐並以跪姿奉餐表達父母養育之恩，也向家長和師長奉茶、行感恩禮。畢業校友徐依華的媽媽分享：「奉茶是我最感動的，也認為當初為了孩子的教育，決意從美國搬回花蓮定居是對的。」

感恩晚會結束後，孩子即將挑戰人生中第一個沒有爸爸媽媽陪伴的夜晚，夜宿幼兒園，雖然有些忐忑不安，但家長放手的第一步，也是孩子成長的一大步，這也是親子永生難忘的一晚。在星空夜語時間，各班小朋友與老師在寧靜的校園夜空下散步，大家爭相分享學習的點點滴滴。夜深了，小朋友輪流在幼兒園沐浴盥洗、換穿睡衣，老師在旁提醒大家一定要把頭髮吹乾，避免著涼。

由於小朋友是第一次離家在幼兒園過夜，每個人都非常興奮，睡前故事、枕頭大戰，讓孩子忘記離家的緊張感，安心地進入甜蜜的夢鄉。天真活潑，能表達、肯做事、懂禮節、守秩序，這是我們希望培養出來的孩子。在這一夜，孩子們以行動展現三年來老師教導的成果，證明孩子們都長大了，也展現了最佳的生活教育成果。

第二章

深耕

當幼苗冒出土，開始伸展枝葉，
需要供給充足的陽光、空氣、水，
還有肥沃的愛心滋養呵護，才能開枝散葉、壯大生根。
就如這群為學校規畫制度、研發教案、以身教立典範的師長們，
給予學生們最好的成長空間。

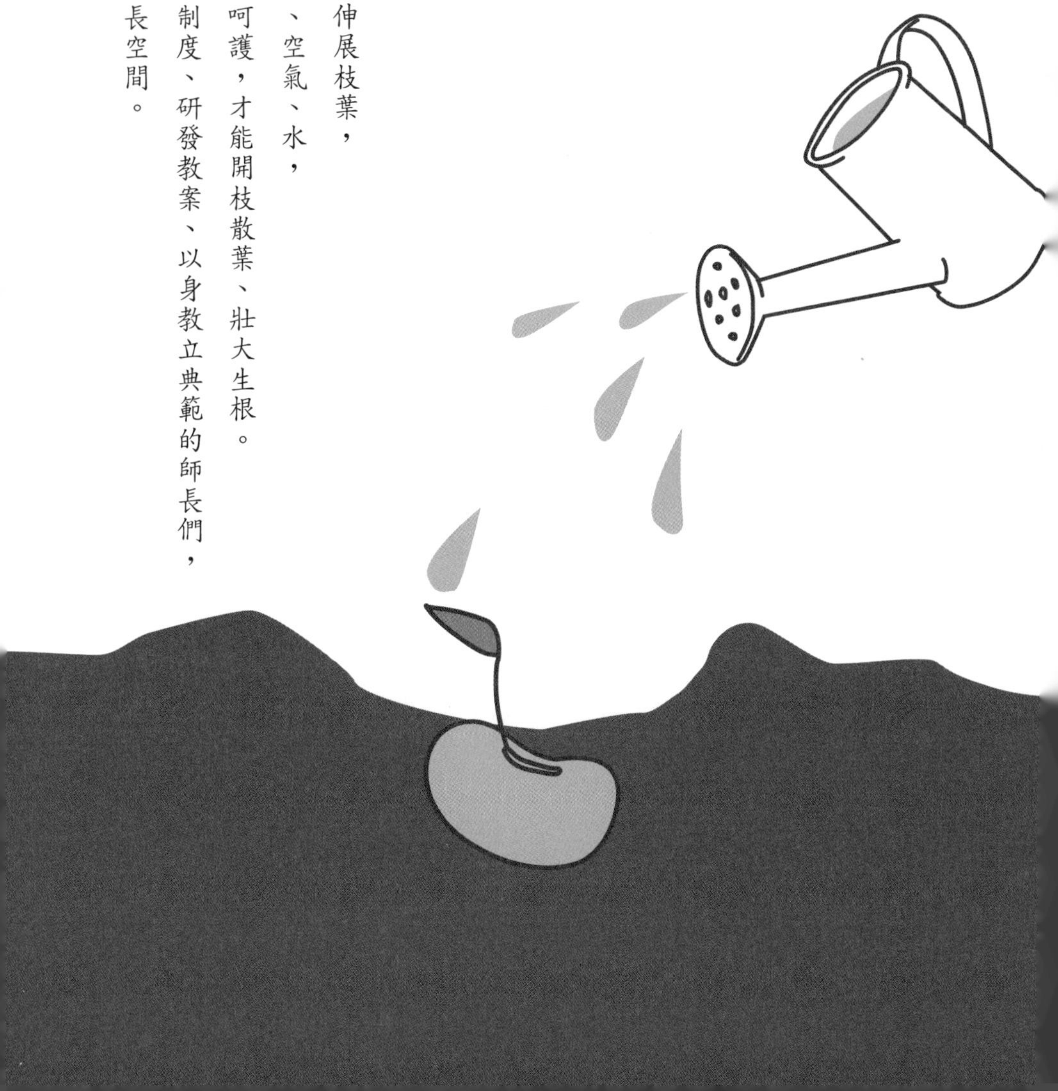

撒播靜思語　勤耕慈大附中福田

口述／許玉鳳
整理／柯玲蘭、許玉鳳

許玉鳳原是重視成績分數的「名」師，一九九四年接觸「靜思語教學」後，以靜思語改變好強個性，將靜思語融入教學中，提升教育品質，曾導正行為偏差的班級。二〇〇三年教職退休後到慈大附中擔任教務兼圖書館主任，開創多項教育元素，提升慈大附中教育特色，為慈大附中奠定良好基礎，二〇一〇年離開慈大附中回到新竹照顧長輩。二〇一三年任職慈濟慈善事業基金會宗教處國內會務室桃竹會務組組長，職志合一帶動社區人文。

投入慈濟大家庭

我出生在新竹縣關西鎮，備受父母關愛，求學之路順遂。高中就讀國立新竹女子高級中學，一九七五年畢業於國立臺灣師範大學。先到臺中太平國中擔任教師兩年，一九七七年轉到新竹縣竹東國中，於二〇〇一年承擔教務主任，直到二〇〇三年退休，在竹東國中任教有二十六年，教育生涯延續到花蓮慈大附中七年，有生之年有三十五個寒暑奉獻在杏壇。

在新竹竹東國中，我是國文老師、導師，而且教的是升學班，為了成績，什麼都要拿第一，分數一定要最好的，為自己打造成為一位「名」師。之前縣長的四個孩子都是我的學生。好強壓力也大，若是學生成績不優時，挫折感會很重，教學生活並不快樂。後來，因為我擔任新竹縣國文科輔導員，好因緣認識同為輔導員的慈濟志工游孟堅，經他介紹與張美惠老師結緣，一九九三年我開始捐款成為慈濟會員。

一九九四年六月，張美惠老師通知我，花蓮慈濟護專（現為慈濟科技大學）有一場人文精神研討會，我由松山機場搭機到花蓮參加。聽到臺北市博愛國小吳秀英老師分享的「靜思語教學」，觸動了我的心思；回來後，我也試著在自己班級，推動靜思語教學，在過程中不斷地調整自己。一九九四年我加入新竹區教聯會承擔幹事，一九九五年參加慈濟委員培訓，一九九六年一月的歲末祝福會中得證嚴上人授證，委員號四五二六號。

靜思語改變自己習氣

靜思語，自己要先吸收、要內化，然後融入教學中；我會引述上人說故事，或是《慈濟道侶》和《慈濟月刊》的故事，結合靜思語，講個小故事給學生聽。比如說「看別人不順眼是要調整自己」，明白靜思語的涵義後要先調整自己，這就是轉念。通常我講解靜思語的時候，會提醒他們重點在哪裡，才能夠闡述。

平常寫週記、日記、聯絡簿，也帶入靜思語，也在訓練他們的作文能力。另外也會帶他們去實踐，到附近的天主教世光教養院關懷，開了好幾年的愛心列車，全班累積每天的愛心小竹筒，認養院童等。

值得一提的是，有一年，我自願帶技職教育班，他們中有人帶頭在校園霸凌欺負人、搞怪、愛玩，讓老師很困擾。我覺得靜思語教學，是可以讓教育品質提升的，用很多方法去調教他們。過程中，有個孩子受處罰，我作勢要用手打他的手心時，他說：「老師，不要打太重。」我問：「為什麼？」他說：「我想妳會比我更痛，我怕妳痛！」後來，他真的翻轉了。他們得過整潔比賽、秩序比賽第

許玉鳳主任。(後排左三。提供 / 慈大附中人文室)

一，畢業後有人去考護專當上護理師，我很開心他們的人生觀改變了。

使用靜思語教學，改變自己調整教學方式，學生在學業成績進步，自己在做人方面或是和家長的互動，都是相對的加分，也贏得校長、主任的肯定。靜思語教學，讓我在水深火熱的競爭環境中，沐浴在慈悲喜捨的和風中，這個時候感覺這才真的在做「教育」。

在用靜思語教學之前，從收聯絡簿、打掃，都在罵學生。原來自己真的是一位很會罵人的老師，因為接觸慈濟靜思語教學，讓自己成長和改變，收穫最大的是自己。二〇〇一年我當上教務主任，教育當局正要試著推動九年一貫課綱，各校要有特色，我把靜思語教學延伸，並融進九年一貫課綱裡面，學校也贏得一個典範的獎勵。

投入慈大附中建立教學特色

二〇〇三年，我五十歲，從事教職已屆二十八年資歷，當時慈濟教聯會總幹事陳乃裕，為慈大附中找曾擔任主任經驗的老師。當時的曾漢榮校長，也希望我退休後到慈大附中任教。最後得縣長批准退休，與曾裕真老師一起到慈大附中任職，她當學務主任，我當教務主任，開始從學生的生活教育，老師的人文教育加強，一起建立學校的特色。

在教務方面依當時的升學競爭，孩子們的學科學習是重要的，很誠懇地廣施人脈，拜訪並敦聘有經驗的退休老師來兼課，有北一女中、建國中學、花蓮女中、花蓮高中等優秀退休教師，和其他私校名師，他們教學經驗豐富，口碑都很好，雖然我們沒有特別優渥的鐘點費，各界的名師秉著教學的熱忱都願意來花蓮成就慈濟的教育，也吸引全臺各地的孩子來花蓮就學。

為提升學生的專心學習度，杜絕上課趴睡、看小說、漫畫、打電動等不良行為、協助老師處理課堂教學的秩序，幾經思考琢磨，最好的策略是強化巡堂機制，全校一起關心學生的課堂學習。將全校各處室的兼任組長都排進巡堂任務，記錄巡堂情形，主任親自了解狀況，並請導師協助與家長聯絡，讓課堂上不當行為的學生有所警惕，任課老師也能感覺行政協助的力量，主任也藉此跟老師分享教學管理的方法，形成一起成長的氛圍，的確看到學生學習成績進步，學校升學率也提升。

經營班級特色　推動靜思語教學

我們創立「融合的藝術班」，借重總務主任唐自常老師，和他的夫人蘇明珠老師的專長。唐主任是高雄美術館的典藏美術家、畫家，蘇明珠是舞蹈家，和我們的音樂老師，結合慈濟大學的管弦社團的學生，及敦聘有專長的指導老師，共同創造學校的特色。這種融合多元人文素養設置的藝術專長班級，讓不同屬性的孩子有機會在慈大附中深化自己的才能，學習與不同特質的人相處。這樣的班級是導師經營的挑戰，辛苦的付出卻也培育了不少具有人文氣質的藝術人才。

一個年級五個班，除了藝術班還有科學班、語文班等，另外是一般綜合班級，招生時就有選擇性，當然要篩選適合的學生，就必須有更多的學生報名。我想到這件事，刻意請教幾位私校任教的朋友，了解私校招生的經營，如何下工夫，如何讓花蓮慈大附中教育廣為人知。

記得二〇〇三年到任時，學生人數不理想。於是隔年起，規劃全臺招生說明會，成立以教務處為主導的招生策劃小組，積極彙整學生學習成果製作宣傳影片，強化適性培育人才的目標，教育學生自我管理的精神，各處室總動員在每年三月一起為慈大附中的招生努力，報名人數逐漸增加，讓我們有很足夠的條件篩選學生，學生的素質就比較優良。

到二〇〇五年招生人數開始超額須用篩選的。有一年，我們在北區借不到場地，上人特別允許我們在未開業前的臺北慈濟醫院辦理招生說明會，那年光是北區報名參加的人數就五、六百人，記得那次向臺北各慈濟會所借了兩百多張桌子，空間使用需動員許多慈濟志工，好多有年紀的師兄，搬動長條桌爬上二樓，為圓滿我們的招生而不辭辛苦，那景象深印我心，至今難忘，深受感動，當時自己許下一定要好好辦學，絕不辜負慈濟人的付出！

此外，在慈大附中做靜思語教學是必然的，但是並不是每一位老師都有這方面的素養，因此對於老師的靜思語教學能力，我們規劃教師深耕研習，希望導師、任課老師，能認知領受慈濟人文，將靜思語教學融入在自己的領域與班級經營。我們每月規劃分享如何運用靜思語成長自己，做教學法寶交流，邀請各地教聯會老師到校分享經驗，並且一起規劃討論慈濟人文課程，雖然有些老師會感覺好累，但是當看到教學有成效，班級經營師親生關係有愛、有溫暖、有回饋時，會覺得這是值得的。

身為主任，關心老師也是我們的使命，自己暫別家人到花蓮來，想到有些老師也是，所以表面上我很嚴格，實際上都是用疼愛的心相待。會在老師生日時與人文室一起送老師小蛋糕、小禮物，也會寫生日卡祝賀。總希望學校是在愛的氛圍中帶動教學，感動的是，有多位對靜思語教學很投入的老師，後來也受證為慈誠、委員。

設立家教課輔班　規劃慈濟人文

生活教育薰陶下，學生有吃飯儀軌、走路儀軌、用餐禮貌，然後孩子們也開始在用餐時服務打菜。當然我們也關心孩子的學業，有的孩子會跟不上進度，需要提升程度，因為慈大附中的學生都住校，我們必須滿足他們的需求，家長覺得需要請家教，我們會幫忙篩選慈濟大學，或東華大學的學生來教，由家長付費，學校規劃大餐廳作為教學場地，每組學生一張桌子，場所及上課時間由學校管理，人數多的時候，儼然像是在最具規模的補習班。其實當初我們的出發點，是要讓學生成績提升，提高學校的升學率，讓慈大附中站上國際。學校的教師都很支持配合，晚上會輪流出來關心、陪伴及協助管理，在當時也贏得家長的信任。

為讓學生熟稔慈濟年度推動主題，也讓老師有慈濟人文教學能力，每學期或每年教務處與人文室合作辦理全校性的人文統整課程。二〇〇七年第一次辦理，第一學期規劃克己復禮「禮儀之美」課程，第二學期則以「行孝不能等」實施主題課程，以體驗母親懷胎辛勞，仍操持家務，做一日母親的體驗。整天上課、下課、上廁所、吃飯、打掃等，所有的事情都要確實保護好肚子裡的胎兒，不是只有學生，全校舉凡沒有懷孕過的老師，包括教官、體育老師都一起「懷胎」。每學期或每年不同主題的人文統整課成為學校很重要的特色課程，師生對這全校總動員的課程都非常投入和重視。

二〇〇九年九月五日期盼多年的圖書館終於完成，這是花蓮慈大附中的大事。新校舍於二〇〇七年六月完工，我們離開人文社會學院校區，中學部整個搬入對面新家，這時圖書館工程才剛要開始，每天走過看著它從平地站起，看著它長高壯碩，實體完成了，灰色洗石子的外觀吸引著我，想像學子進出知識寶庫的渴望；內裝開始了，書庫區一架架書架排整齊，等待書籍進駐。

書籍搬家的前半年，圖書館同仁就已經規劃好書籍整理與編號，開始分類綁書，一綑綑歸類確定好的書及位置，新館書架也編列好位置，半年的準備，就在搬家的這一天，全校十三個班級將近八百位學生與教職員，一起進行搬書計畫，穿越介仁街，走上舊館二樓搬書，走下來再穿越介仁街到新館上二樓，依著動線、聽老師的引導、依序放在定點位置，只用了半天，我們就完成這不可思議的搬遷，師生一起寫歷史，留下慈大附中圖書館的大藏經，我們何其有幸，參與到這歷史的一天！

職志合一　圓滿使命

因為我的公公，還有我的爸爸年邁需要照顧，二〇一〇年八月，我離開慈大附中回到新竹。二〇一一年終於把已經延宕多年的碩士論文「慈濟人文教育信念，在班級經營之應用——一位國中教師的個案研究」完成，並取得慈濟大學教育研究所碩士學位。將在學校推動的，以及實務上推動的，做一個整理，給這階段歷程完整的交代。

用修行的心承擔慈濟的志業，是自我的圓滿，承擔、提升、走過了，在慈濟大家庭裡成長，生命寬度、高度、深度，都不一樣，真的豐厚了自己，覺得生命有意義方向更明確。想想人生的自然法則到來時，應該也沒有什麼遺憾，我盡心盡力撥動生命的琴弦，希望演奏一曲耐人尋味雋永的樂章！

遇見真心 遇見愛

口述／曾裕真
整理／朱秀蓮、曾裕真

在那需要的年代，因緣和合之時，曾裕真以教聯會老師身分，到慈大附中擔任學務主任。為落實生活教育於食衣住行間，勤管嚴教而住進學生宿舍；為真心強化良性溝通，開闢「真心話時間」與學生聊天，用心傾聽。至今，慈大附中資深教師與學長依舊念念不忘，那個既嚴厲又感性的曾裕真主任。

細說從前 回憶當年

「愛的教育」是要把學生教成被別人愛、變得可愛，這就是我堅持的教育責任。如果愛的教育只是縱容他，甚至討好他，卻讓他變成一個討厭的人，那麼，這個愛是沒有什麼意義的；愛一個學生，就要幫他找到自信與尊嚴，當別人也能同樣愛他時，這種愛才是有意義的「動詞」，而非只是口號上的「名詞」。

我一九六一年生於基隆，一九九三年在學校同事接引下，成為慈濟會員。隔年過年期間，身體突然不適，開學後情況愈發嚴重，查不出病因，熱心的家長帶我尋求民間求神問卜，竟算出我陽壽已盡！那是一段刻骨銘心的經驗，帶給我身心空前的衝擊，當時我開始思索：如果第二天醒不過來，三十五歲的我，該用什麼態度過日子？」

有一天，翻開之前一位家長送的、被冷落的《靜思語》，翻到某頁，看到：「不要動輒求神問卜，心若迷時會很苦，苦在自己無法做主。」宛如當頭棒喝！醒覺後，立刻把所有符咒全部丟掉，並告訴自己：「如果沒有這些我無法活下去，那麼我願意！」

接著，經由黃翠芳老師和時任慈濟教師聯誼會總幹事的陳美羿老師安排下，我滿心歡喜地參加教聯會花蓮尋根，終於見到上人，一解看到法像就嚎啕大哭的思慕之情。回來後，積極投入教聯會和靜思語教學。一九九七年，在南桃園的中壢開辦教聯會，當時拓展得很順利，到二〇〇二年間，接引了約五百位教師。

教育志工 到學務主任

然而，同樣那一年，學校內的工作卻讓我好想休息一下調整身心，於是向任職的公立國中申請了留職停薪。先是在慈濟基金會教育志業發展處幫忙，巧遇慈大附中曾漢榮校長，希望借重我教學和輔導的經驗，與年輕的慈大附中老師切磋。於是，當天帶著簡單行囊，搬進慈大附中宿舍，以衛生紙做枕頭，外套當棉被，度過了在慈大附中的第一個晚上。

學校幫我安排的，是國一善解班的英文課，每週三下午七、八節，高、國一，慈濟人文課，就這樣開始了每週三天的教育志工生涯，也與慈大附中結下了不解之緣。

上英文課，我是非常嚴格的，除了教法靈活、多元，也與學生約法三章，達不到標準，會有小處罰。

當時，在這個強調「愛的教育」的校園裡，還引起不小的側目與關心，但「教不嚴、師之惰」、「學不會、師之錯」，我引以為戒！一個月下來，學生考

曾裕真主任（右一）進行靜思語融入性別平等教育教學觀摩。（提供／廖逸貞）

試成績有長足的進步，孩子因此找到自信，發現自己不是不能，是不願。我是英語科老師，學好英語就是我進入孩子生命，創造故事的鑰匙！

此外，靜思語教學也是我的專長之一。我的圭臬是：「不要去強迫學生接受慈濟，只要你做人夠誠懇，教學夠優質，讓學生夠感動，他就會心動。」當一個老師用盡各種方法在幫助孩子時，所呈現出來的極致用心，是會讓孩子感動的。而這種感動，會帶動孩子甘願「自我教育」，也唯有願意自我教育的人，才有辦法接受他人的教育。

有限資源 擘劃學務推動

或許因為這些口碑，一年快結束時，學校希望我正式留下來任職。我婉拒了！但是答應他們會請外子張正光到花蓮一趟。擔任教育志工期間，星期一、二、三不在家，來花蓮三天已是不務正業；那一年，老大要升高中，小的要讀國中，若承擔正職豈不是失職？而且當時外子的事業也正起步中，留下來任教的可能性幾乎是零。

外子到了花蓮之後，我把他當一般慈濟會眾，帶他去參訪靜思堂、慈濟技術學院、慈濟大學和慈大附中校園，並解說上人的教育理念。第二天一早，他對我說：「慈濟需要人才，這麼大的志業體，如果只有硬體沒有軟體是不行的。我知道妳的個性，如果妳做不到的事，妳會放下；如果妳覺得妳做得到，而沒有去做，妳一輩子都會罣礙。我答應妳留下來服務，妳、我的爸爸、媽媽，還有小孩，我都會去溝通。」

之後回到精舍，上人在百忙中會見我們，上人對我開示了一句深刻的智慧法語：「教育是一條漫長的路，不能急；但是學生的學齡有限，也不能等。」我體會到，那就是上人對教育的註解：「教之以禮不能等，育之以德不能急。」教育，要有耐心，不然無法真正培養品德；但孩子的禮節，生活教育不能等，要掌握時機，不然就來不及。

原以為只是留下來當英文老師，二〇〇三年七月中旬才得知要接學務主任。基於對慈濟教育志業體的期待與使命，以初生之犢不畏虎的精神，很大膽地承諾下來，並要在極短的時間內，有限的人脈裡，被質疑的聲浪中，找齊工作團隊，擘劃接下來的學務推動。

建構生活教育藍圖

什麼是人文？展現於外就是生活教育，涵養於內即是品格教育。品格涵養沒那麼容易立竿見影，而落實生活教育，就是通往品格教育的第一步！如何建構生活教育推動的藍圖，我們將「慈大附中的一天」作為時間縱軸，學務工作作為空間橫軸，而學生就是縱橫軸之間的關鍵人物，由起床到睡覺完整規劃。依此，著手將上人「不能急，也不能等」的慈示，逐步具體化。

在八月中下旬開學前，經過我們團隊密集討論、多次修改，定調在「學務處工作方向」之後，終於完成「九十二學年度第一學期學務處工作計畫」並裝訂成冊，發給全校教職同仁，人手一冊列入移交，內含生活輔導規範新制度、衛生環保推動新規劃、體適能推展新氣象、宿舍生活管理新辦法、文藝育樂活動新面貌、強化社團推展新思惟，及全學期學務活動實施細則等。

推動生活教育，首重養成良好的衛生習慣，保持校園整潔及落實回收分類，這個強力推動，讓師生立刻有感。慈大附中校園寬廣，必須借重學生人力，我們籌組「草根菩提隊」，協助衛生環保檢核；成立「愛校巡邏班」，由各班輪流負責巡視校園整潔；再實施「美麗新教室」，請主任、組長巡堂時，協助登錄教室維持整潔狀況，一、兩個月過後，學校變不一樣了！

除了環保、衛生的改善，再來就是生活常規的建立，慈濟人文的推動。當時星期一、三、五要升旗，其中一天安排靜思語教學，先由處室輪流承擔，再換各班負責，如此，不僅帶動老師學習靜思語教學，也讓孩子親近慈濟人文。一個學期下來，學生展現他們的創意，讓人耳目一新。

華路藍縷　以啟慈大附中

升旗時也抽籤做寢室內務抽查，表現優良的當天立即嘉獎，不夠好的也隨即校規處理；被懲罰的寢室，第二天可主動提出複檢，如果改善了就記嘉獎，如此賞罰迅速、確實、公平又合理，也令學生有感。一學年後，我們更推動「榮譽寢室」制度，只要連續三週得獎，一學期內可不必再內務檢查，鼓勵孩子養成自動、自愛，生活習慣與品格涵養。

慈大附中是住宿型學校，星期一到星期五白天上課，週六日上午自習，平日晚上還要晚自習，師生真的很幸福！經過不斷的溝通、說明，期待在嚴管勤教的原則下，也要同理青春期的身心均衡發展，學業、育樂，必須獲得同等重視。

於是，第二年開始，訓育組在星期五晚上開辦夜間社團，學生可自行決定在教室自習或參加社團；星期六在視聽教室開播「週末電影院」，星期日則開辦「花蓮逍遙遊」等，都很受到學生歡迎。

結合節日也辦理多元活動，如端午節，請體育組和訓育組在學校游泳池，利用充氣艇辦划龍舟比賽等。另外，學務處訓育組和教務處教學組合作辦理「大手牽小手」課輔計畫，甄選慈濟大學、慈濟科技大學生、慈濟大專青年，來學校幫學生課輔，解決學生出外補習請假及安全問題。

那是一段「華路藍縷、以啟慈大附中」的過程，個人還蠻樂在其中，即使要馬不停蹄地溝通、溝通，再溝通以取得共識，卻一點也不覺得苦、覺得忙或覺得累。自己選擇做喜歡做的事，做就對了，再多困難都要去樂觀面對、勇敢處理，只要是對的、無私的，最後一定會成功。

殷殷寄語慈大附中人

在慈大附中的日子裡，秉持一切「為學校、為學生」的理念，朝也慈大附中、暮也慈大附中，朝朝暮暮為慈大附中，這是我這輩子很難忘的美好時光。感恩曾漢榮校長、歐源榮校長，和各處室行政主管、同仁，對我的包容，在「教育，就是要為學生解決問題」的前提下，接納我的堅持，攜手建構具有慈濟人文特色的校園；感恩學務處各組組長、教官和幹事，跟著我夙夜匪懈，營造如家庭般溫馨的工作環境。

「一言為重，多言無用，言重則信重，信重必有大用。」這句話是當教育志工那年，第一學期將結束前，打退堂鼓的我，半夜夢到上人，夢醒後翻開《靜思語》看到的開示，我始終謹記在心。

自許悲智雙運，發揮喜捨精神；
誓為師生之友，處世同理精進；
虛心接受建議，用心評估執行；
勢必言而有信，絕對言出必行；
事先計畫周全，利人利己利行；
勇於承擔責任，樂於配合他人；
落實生活教育，恩威並施以成；
加強宿舍管理，掌握夜間作息；
訓練自治幹部，授權使其有能；
掌控集會時間，凡事將心比心；
健全班親組織，善用家長資源；

提供假日休閒，增進師生合心。

欣見慈大附中邁入第二十年，謹以當年的「學務處工作方向」自我檢視，盼不辱師恩；並殷殷期勉後進，轉職業為志業，創造屬於自己的生命故事。

花道人文 靜思解語師

口述／張瑞美
整理／李志成、蔡翠容

「靜坐，吸入心寧靜，呼出口微笑，安住在當下，天地真美妙。」慈大附中花道教室裡，張瑞美引導一群小學部四年級學生，在優雅的樂音聲中，靜坐凝神，擺脫剛進來時的蠢蠢欲動，進入花道的人文藝術天地。張瑞美從國中老師退休後，轉任慈大附中創校時的輔導室主任，從輔導室主任再轉化成為花道老師，一路盡是驚喜歷程。

善因緣接引

一九四九年出生的我，畢業後一直在國中任教。一九八三年在臺北市誠正國中服務，聽到同事提起慈濟在為蓋醫院募款，我欣然參與成為慈濟會員。隔年暑假，我與夫婿及孩子同訪花蓮靜思精舍並得因緣皈依證嚴上人。真的是因緣，我剛學佛，連問訊、頂禮都不懂，就脫口向上人提出皈依的請求，上人居然答應了，這是何等的幸福！

二十五年公職教學，我服務過新竹縣照門國中、桃園縣龍潭國中、臺北縣重慶國中、臺北市誠正國中及和平高中；一九九九年，申請退休；二〇〇〇年六月，參與籌備慈大附中創校，任職輔導主任一職七年，指導慈濟人文。

慈大附中教室地基打了以後，發生九二一地震，由於慈濟認養援建五十所學校，上人指示先幫災區學童蓋學校，大部分人力都投入九二一援建工程。慈大附中開始招生時，校舍尚未完成，學生就在慈濟大學校區上課。第一屆學生是最幸福的，大家打趣地說：「他們還沒上中學就上大學。」

上人的理想是要所有慈大附中學生都住校，讓孩子們學習生活常規、儀軌。新生訓練開營典禮在晚上舉行，發現一個孩子不見了，我們到處尋找，後來在一樓教室裡找到哭泣的孩子。國小剛畢業的孩子初學獨立，來到陌生的環境難免想家，需要有人陪伴，能安慰他到不哭了，就是我最大的收穫。

但仍有一個孩子照三餐哭，每次要去用餐就哭，想要回家。沒辦法！只好帶他去見師公上人，結果孩子真的就不會吵著要回家；因為孩子們愛師公上人，會聽他老人家的話，其他人怎麼講也沒有用。

感恩上人的法及靜思語，讓我能運用在教學上，也對自己的生活做事有莫大的幫助。對於血氣方剛的孩子，我教他們「生氣就是拿別人的過錯來懲罰自己」，讓他們心平氣和。有一次，我的女兒不聽話、不講理，正想好好揍她一頓時，想到了上人說的：「遇到不講理的人，要先憐憫他、包容他，再教導他。」我趕緊耐著性子，好好地與她溝通，終於圓滿解決事情。

職業轉志業

二〇〇八年我心中想著，應該要讓年輕人有更多的歷練機會，於是七月從慈大附中退休，我選擇當快樂的志工。退休後，一天在靜思精舍巧遇德普師父，師父問我：「妳退休了，來幫忙花道好不好？」我二話不說，承擔起慈濟中、小學的花道老師。

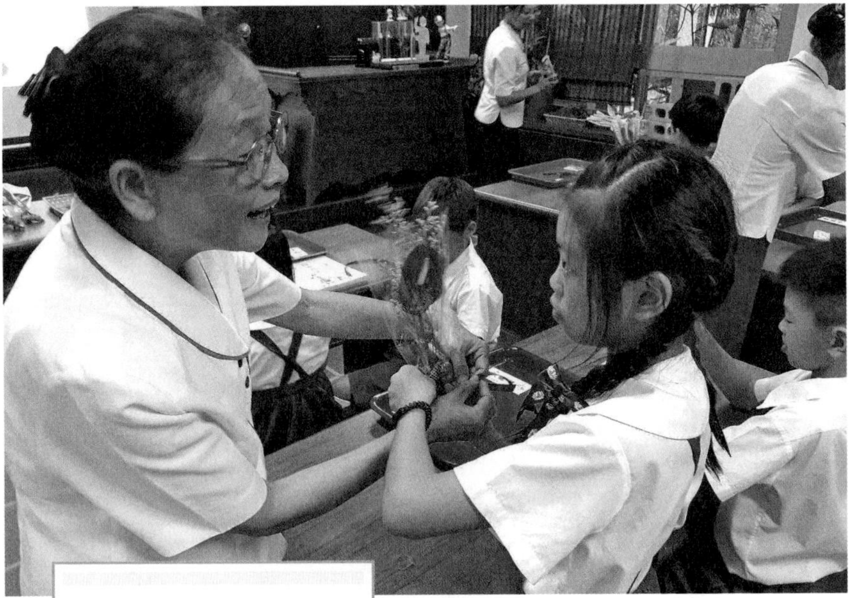

張瑞美老師（左一）為小學部靜思花道課程授課。（提供 / 慈大附中人文室）

每週兩堂的花道課，不僅可以回到熟悉的校園重溫教書時的歲月，也在找器材、花材、資料、做簡報中忙得不亦樂乎。雖然在大學時期曾修過一學期花道課，但對花道沒有很深入研究，花藝插作等相關教學都是花道老師在教導，我只負責慈濟人文。無論是幼稚園、小學、國中、高中，甚至以往還有大學，都有花道課；在校外營隊，我也會依學生的年齡層設計課程授課。

「在進到教室之前，你在路上看到什麼？」我經常在課堂上問學生，期望透過花道課，孩子們懂得去關心四周大自然的環境，認識路邊的小花、小草。懂得關心大自然，心會比較開闊，喜歡大自然的話，就會懂得愛人。在人文課程中，我會準備一些小故事、靜思語，也以靜思語卡片來鼓勵同學，藉以教導他們待人處世、品格修養，或是情緒管理，只要有一點一滴的吸收，就要持續下去，看到孩子能有所學習，就會感到很寬慰。

經營花道人文課程十年，獲得最多的就是從大自然裡，學習大自然一花、一草、一木的精神。從一顆種子努力從土裡蹦出成長，進而開花結果，最後凋零回歸塵土，成為肥料提供新株營養，這就是最好的生命教育！我的個性一板一眼，自從深入花道人文課，親近大自然的活力與喜悅，讓原來像三角板一樣不苟言笑的臉，多了知足、感恩的笑容。

如今已年屆從心所欲、不踰矩的我，依然精神奕奕地站在教室的講臺上，陪伴孩子，唯一的心願就是孩子能夠成長。感念上人的教導，讓我用更積極的態度面對人生，用更開闊的心胸面對所有的人、事、物，心開運通就有更美好的人生！有跟隨上人的因緣，能夠跟著全球慈濟人一起走，感到很幸福！

媽媽心 老師情

口述／何美燕
整理／黃素貞

何美燕任職於新竹縣忠信高中時，因緣際會下巧遇母校新竹縣竹東國中導師許玉鳳，得知美燕從事教育工作，許老師與她談及慈濟，並鼓勵她加入慈濟教聯會，二〇〇二年美燕正式加入教聯會，並開始參與相關活動。

二〇〇三年許玉鳳受到上人感召，從竹東國中退休後，立即來到花蓮慈大附中接任教務處主任一職。原本期望美燕能一同前往，但因當時美燕的父親身體狀況不好，無法成行，時隔一年後，美燕的父親往生，無家業的牽絆下，終於順利來到慈大附中服務。

擔任註冊組職務　建立完善規章制度

我在忠信高中有行政的經驗，二〇〇四年八月一日當我來到花蓮慈大附中，玉鳳主任希望我能承接行政職，因此接下註冊組職務，在資料匱乏的情況下，報到隔天隨即上工，趕著資料檔案建立，每天從早忙到三更半夜，經常是警衛大哥提醒：「美燕老師，該下班了，我要關鐵門囉！」才知夜已晚，因為住在學校宿舍，三餐都依賴校內的妙膳廳，我曾經創下最高紀錄，一整個月沒出過校門。

直到創校第三年，所有的規章制度才稍有眉目，但所建立的規章制度，奠定後來的基礎，其中「書卷獎」獎學金制度，鼓勵成績優異學子獲得獎學金，這制度從當時沿用至今。另外，那時候較為特別的是「實驗班進出機制」訂定，早期高中部特色班名稱為實驗班，大愛班為醫療科學實驗班，知足班則是人文社會實驗班，與慈濟大學相關科系合作，同學可以到大學做實驗，使用資源，因此必須制定相關的「實驗班進出機制」來規範。

慈大附中大部分以住宿生居多，因此我和當時的教學組組長戴宜靜一起制訂晚自習巡堂辦法。為了加強孩子們的課業能力，我們討論每週三晚自習時間到國、高中各班進行國文及英文抽背，一週抽背國文，一週抽背英文。，孩子們都非常緊張，尤其當我拿著籤筒走到各班門口時，空氣瞬間凝結，「刷」一抽，

「某某號請出列」，沒被抽到的孩子一陣歡欣鼓舞，被抽到的孩子乖乖出列背誦，隔壁等著被抽的班級學生聞聲繼續把握最後時間，個個埋頭苦背。經過這樣的訓練，孩子們的課業能力明顯提升許多。

為了防止孩子們有缺繳作業情況，我和教學組長跟任課老師合作，了解各班孩子缺繳作業情況，只要有任何一科缺交，一律都在週六下午其他學生都可外出的時間，留下來到教務處外空間補寫，待完成作業後才能離開。週六下午常也是人文室辦志工服務的時段，有些孩子報了名參加志工，忘了自己須留在教務處，於是我和戴宜靜老師就得在週五一一核對名單，好把孩子留下來。當孩子來請託說情，都被我一一回絕，我告訴學生：寫作業是本分事，只有完成本分事了，才能做想做的事。

擔任註冊組工作將近四年的時間，因為年輕有衝勁，很多事都是想到就立刻去做，即使沒有任何加班費、沒有補休，也都甘之如飴，覺得很有成就感。但也

高三學測應考學生身體不適，何美燕老師（後）緊急為孩子按摩舒壓。
（提供／慈大附中人文室）

因為在註冊組，每天都要面對法規條文和規範，時常莫名其妙接到指責或關說的電話，還要處理許多學生方面的問題，工作量很大、法規很硬、事情一多一忙，我常常板著一張臉，說話很酷，也很直接，因此常會聽到老師或學生說：「哇！美燕老師好兇喔！」

以媽媽心帶班 學習柔軟身段

二〇〇九年首次擔任高中部導師職務，第九屆的高一知足班是我帶的第一個班級，班上幾乎都是住宿生，依稀記得新生報到當天，父母將孩子送到班上，要離開時依依不捨的樣子，當時我告訴他們：「家長們請放心，我們會把孩子照顧好。」待家長離開後，心裡突然感覺，自己好像要開始接手當人家的媽媽一樣，不只是導師的職責，還要兼顧家長的責任。擔任導師後，因為身分的轉變，以一個媽媽的角色，去關心照顧孩子，態度上也開始學會柔軟。

一個班級三十多個孩子，要了解每一個孩子的情況非常不容易；當我接到這個班級的第一件事，就是打電話給每一位家長，逐一了解孩子的情況。我會把孩子的習慣和喜好特別記錄下來，比如：某個孩子特別喜歡吃巧克力，在準備點心時會特別準備巧克力口味，只是這樣小小的舉動，其實孩子們都能感受在心，久而久之，師生的感情慢慢地拉近距離，孩子也漸漸改口叫我「美燕媽」。

第一次帶班，我覺得很幸運，班上有幾位國中部直升的孩子，對於學校的狀況較為熟悉，他們會帶著其他孩子一起了解學校事項的運作；選完班級的幹部，孩子們馬上就能各司其職，發揮自己的功能，讓我覺得好佩服。當導師的我覺得很輕鬆，只須抓大原則，因此我訂下班訓：「習慣優秀，優秀是我們的習慣。」提醒孩子習慣自己是優秀的人，隨時督促要當優秀的人。

每個孩子都有不小心犯錯的時候，我允許孩子犯錯，但同時我也告訴他們，犯錯沒有關係，我就是你們學校的媽媽，不管在外面闖多少事，第一時間要先讓我知道，才知道該怎麼做後續處理。孩子們了解老師是基於保護他們的立場，彼此之間也多了一分信任。

一個人帶班的影響力小，團結力量大，我和幾位科任老師感情都不錯，希望他們也一起發揮力量來陪伴孩子；生物科的蘇佩珍老師就是其中一位，孩子們常說班上不只一位班導師，而佩珍老師就像另一個導師、另一個媽媽的身分，用心用愛呵護班上孩子們。慈大附中的孩子與眾不同之處就是貼心懂事、懂得感恩，雖然已經畢業多年，但每年都會回來學校看看老師，教師節或特殊節日噓寒問暖，時常傳訊息問候關心。

在慈大附中服務將近十七年的時間，看見自己帶出來的孩子，如今各個成為社會棟梁，這是當導師最開心的事。期盼在未來實踐的教育裡，除了著重孩子的多元化發展，更要著重的是教「心」，心不夠寬容易鑽牛角尖，念不夠純路容易走偏，但願每個孩子都能懂得心寬念純。

志為人師永不悔

口述／方美倫
整理／羅月美

四十四年的教學生涯，方美倫從早期的「名師」，在加入慈濟教聯會之後，逐漸轉變成「明師」。將人生淬鍊的精華，在回到慈大附中這一段教學生涯中淋漓展現，以菩薩的心，智慧的耐性，因材施教；以「感恩、尊重、愛」守護著孩子，也陪伴家長成長。在教育的路上沒有白走，也無愧於心。

卸下光環　名師成明師

回來慈大附中教書是一分使命感，也是我的本分事。

我從小就立志成為一名好老師，一九七一年大學畢業後，幸運地分發到臺北市民生國中教書。升學掛帥的年代，我追隨著「嚴師出高徒」的打罵教育，分分計較，的確教出很多成績優異的學生，也成為家長口中的「名師」。

然而，這樣的成功卻沒有為我帶來快樂，好強的個性、背負名師的壓力，追求成績加上親子互動發生問題，導致甲狀腺機能亢進、胃潰瘍等，渾身是病。中學同窗好友看我毫無生氣的病容，建議我去參加慈濟教師聯誼會的活動，尋求解方。

在一次的慈濟教聯會活動中，當我聽到講師吳秀英分享：「理直要氣和，得理要饒人。」這句靜思語有如當頭棒喝，敲醒了一向自視甚高的我。當天我立即請回《證嚴法師靜思語》一書閱讀，從此靜思語成了生活上最好的導師，洗滌蒙塵許久的內心。

一九九四年，加入慈濟教師聯誼會，這是人生的大轉折，我將靜思語運用在教學中，以不同角度去看學生，成績不再是教學的唯一目標。我信奉著：「天底下沒有教不好的學生，只有不會教的老師；天底下沒有問題學生，只有學生的問題。」

方美倫老師。（右一。提供／慈大附中人文室）

慈濟人文融入教學

二〇〇四年，我五十五歲從民生國中退休後，來到慈大附中任教。

慈大附中的本位教學就是慈濟人文，希望培養知感恩、有禮節、負責任的孩子。我將靜思語教學帶入班級經營，在生活教育上循序教導孩子，從自我管理能力的養成到尊重他人，從學習與人善處到主動付出，培養大愛的胸懷。

我帶過兩屆大愛班的孩子，他們各方面表現都獲得師長讚美不已，除了課業認真之外，彬彬有禮的態度、主動積極地展現在打掃、團體競賽、公益付出等各方面皆表現出色。他們的守規矩真是一絕，甚至現在還有老師懷念那群孩子在校園中排隊去上外堂課（非本班教室課）的身影。

由於帶班的成功，獨樂樂不如眾樂樂，於是我向校方爭取到每週一天早自習結束前十分鐘的「校園清流」廣播。我會分享一則勵志故事、慈濟點滴或新聞議題，最後加上一兩則配合當週中心德目的靜思語，導師們可做為班級靜思語教學用，也藉此讓孩子們學到如何活用靜思語。

漸漸地，我邀約學生參與廣播，起先我為他們撰稿，後來他們寫自己的故事，最後甚至有學生主動爭取當小小播音員了！印象深刻的一位超級「航海王」迷，想要藉那段時間介紹他心目中最棒的書給全校同學，果真分析得頭頭是道，分享精采萬分。節目中還請到慈大附中歌王高歌兩次，獲得全校滿堂彩！校園清流持續五、六年，深獲師長與學生喜愛，雖然每次準備十分鐘講稿時壓力頗大，但是現在想起來無限甘美潤心頭！

我也將慈濟人文，展現在海外交流。從我帶第一屆的學生，國三時就去參與貴州人文交流活動，由於在交流時孩子們的超優表現，深獲好評。此後每一年我都會帶全校國、高中優秀孩子去人文交流，不僅拓展孩子們的視野，行善偏鄉並介紹慈濟人文，孩子們都能無辱使命，他們真的是慈大附中最佳代言人。

人文教材　生活寶典

慈濟人文是做人處事的涵養，可以跟著孩子一輩子，內化成為生命的一部分。擔任慈濟人文召集人時，與人文室同仁相知相惜，我們很有默契地思維著：「期待能編出一套有系統、有脈絡，讓老師可以依循的教學方向且適合中學生的教材。」

於是，我們團隊花費近三年的時間，編輯慈濟人文教材國中版——《亮麗人生 青春啟航》，分成三冊，連學習單都設計得很漂亮，是活頁的，學期結束交還給孩子，成為一本EQ學習本，希望他們永遠保存，縱使出社會還能隨時翻閱，溫故而知新，找尋生活良方。

小事不做大事難成，尤其生活上的小事做得好，才能把大的事發展好。我常對家長說，小孩考試會粗心大意，是因為從小家事做得馬馬虎虎，不夠嚴謹，粗心成習慣了。

我認真地要求學生，無論打掃教室、宿舍或公掃區，都要做得仔細。打掃時教室內外必須一塵不染、窗戶要擦透亮，黑板溝一定沒有粉筆灰，乾抹布要摺得方方正正，放得很整齊；連教室後面的櫃子裡放置的掃具，也必須是很整齊地排放著。個人座位抽屜書籍放整齊，桌面維持乾淨，只放當科課本等等，如此較能專注。

刷洗廁所，也是洗刷得乾乾淨淨，因為一塵不染，學生很開心地說：「老師您看，很乾淨，可以在裡頭吃東西了。」從孩子露出的快樂笑容，就知道做得很開心，不覺得是苦差事。

學生有時候會說：「老師，不可能做得到啦！」我就會做給他們看。我們指導學生，自己要先做到，因為我們就是孩子的鏡子，孩子的模。有時候學生做得好，我會請他們吃點心以茲鼓勵。

這個年紀孩子總是會有說髒話，比賽看誰說最少。「老師，說人家笨算不算？」當你重視這件事時，學生也開始會去在乎了。

我運用小貼紙，綠色與橘色的，好話說得多就用橘色，貼了綠色自己就省思。晚上寫聯絡簿的時候，看自己說了幾句好話，說了幾句不好的，要怎麼改進。我請他們自己想想，有沒有哪句靜思語可以用得上。

我們讚美都是公開的，一起鼓掌，有錯就是私底下和他說，不會疾言厲色，所以玩這個遊戲效果很顯著，過一陣子後就不需要了，因為大家都有改進了。

普天三無 教育良方

怎麼也沒想到，教書生涯中，碰到最「盧」（不講理）的學生也是在慈大附中，簡直「盧」到沒個樣，明明全班包含老師都聽到、看到，學生還可以理直氣壯地辯說：「沒有，我就是沒有。」

記得有次因為某位學生搗蛋被同學投訴，正好全班同學上外堂課，我把他留在教室單獨談，他對我哭鬧大吵說：「我要轉學，哪有這樣的爛老師，一定要說是我。」在教室裡跑來跑去，就不肯停下來聽我說。後來還跑到對面班級走廊邊打公用電話給爸爸，講話很大聲，我走過去輕聲地說：「不要太大聲，人家都在上課，你去警衛室那邊打公用電話比較好。」他馬上在電話中對爸爸說：「你聽到沒有，我們老師趕我走。」

爸爸不理會，他就換找媽媽邊哭邊吵著要轉學，一直講到電話卡用完了，一邊對我說：「妳看，都是妳害的，電話卡都講完了。」我在旁邊一直守著他，等他情緒緩和下來時，我叫他去喝水，休息一下子再去上課。這小孩跟我在「盧」的時候，教室外正好有一位女同學的媽媽前來找我，她從頭到尾目睹這一幕，她說：「老師您真辛苦，我還以為班上只有我女兒一個人添老師麻煩。」

這孩子從小就受阿公、阿嬤寵愛，父母對他的無理也束手無策，才送到慈大附中來。但是每個孩子都有光明面，當他表現好時，除了當著全班同學面前稱讚，還讓他打電話回家愛現去；不好，還是要陪伴他、耐心教他。最後，這個孩子不僅沒轉學，還讀到慈濟大學畢業。

走在教育路上，我一直學習「普天三無」（普天之下沒有我不愛的學生，普天之下沒有我不信任的學生，普天之下沒有我不原諒的學生）的精神教學，真是良方。

化解心結 啟發心靈

學生問題不能僅從表象去處理，老師們要去深入地探討，了解背後的因素；

有時叛逆行為的背後，孩子心中可能正在承受著無法言喻的痛苦。

有個學生平日表現斯文，豈知有一天晚自習前，竟然把同學打得頭破血流送去急診。起因是有個坐在最後面的A同學，仗著人高馬大硬要叫他不雅的外號，在他一而再、再而三的告誡無效後，他很生氣地推A同學撞牆並用力揮拳。

大事處理落幕之後，我很納悶，他是個家教良好的孩子，平時修養也很好，怎麼突然呈現暴戾之氣？於是問他：「為什麼你這麼生氣？」他吸了口氣向我說，最近因為要去美國遊學的事，游移不定，和爸爸、媽媽起了爭執。

抽絲剝繭後，了解這孩子本來就和父母溝通不良，孝親日（住宿生休假日）回家就喜歡窩在房間打電動，不理會父母，如果爸爸把房門鎖起，他就會生氣地把門破壞。他還說起幼稚園時，媽媽曾把他趕出去，連小行李箱都整理好，把他推出門。

當我向媽媽提及此事，媽媽回憶說：「有，我記得兩次。」他在旁邊惡狠狠地對媽媽說：「是三次。」賓果！這就是癥結點。

委屈的媽媽解釋著，孩子小時很皮，在超市斜坡道推著手推車往前衝，媽媽為了追他而跌倒，導致尾椎受傷，每工作四個小時就痛得必須平躺在床上，否則沒辦法繼續工作。這個小皮蛋還在她身邊跳過來跳過去，讓媽媽很緊張，所以氣得把他趕出去。媽媽述說完還向孩子說：「對不起！」

當他聽到媽媽的苦衷後，一切誤會終於冰消雲散，母子倆就在我的辦公室抱頭大哭，親子之間的關係也有了轉機。現在這一家人和樂融融，有聊不完的話題！

教育路上　無愧於心

「大愛之家，談心談愛」，每個月一次家聚，是在班上家長合租的一間民宿，總共有三層樓，一樓可以開慶生會，二樓有男舍和女舍，讓家長到花蓮時有住宿之處，三樓就讓孩子玩樂。就像一個大家庭，有事也可以一起討論。

家長剛提出租大愛屋構想時，我覺得與家長有這麼多的互動，會很麻煩；轉念一想，孩子都住校，需要有機會和父母多一些相處，而且每個月我只需花一個晚上的時間，也就贊成了！沒想到後續發酵的成果很豐碩。

大愛家聚的週六晚上，豐盛的晚餐暨孩子才藝表演後，我和家長茶敘，聊聊孩子在學校的情況，也從中瞭解孩子更深的背景，並讓家長瞭解慈濟教育的理念，與家長凝聚共識。

我也教導孩子，要和每位家長打招呼，幫忙打掃、洗碗，教育孩子要懂得回饋，因為爸爸、媽媽從那麼遠來看他們，也買那麼多美食來。而住宿的家長在離開前，會將樓層整理、打掃清潔，把床單洗乾淨，這都是給孩子們的身教。幾年的相處，我和家長們的感情延續至今，後來很多家長都成為慈濟人，也是在大愛之家共聚的善因緣。

上人說：「感恩、尊重、愛。」在教學上也是一樣，感恩孩子願意來到慈大附中學習、願意茹素、願意當我的學生；尊重每一個孩子，用不同角度去看孩子發亮的點，用真誠的愛去教導他們。

一路走來，慈大附中這一段是我人生最亮麗的時光，也是我最享受教學的日子。因為我住在學校，與學生的感情更好，有時不一定是我教的學生，也會來找我談心，老師是可以讓他們依靠的肩膀，這是很棒的感覺。直至現在，學生還是會來與我討論有關學業或工作的選擇，在教育的路上，我，無愧於心。

感恩上人創辦慈濟，增長我的智慧；靜思語是我教育路上的明燈。感恩慈大附中好同事們以及慈誠爸爸、懿德媽媽，您們積極認真、無怨無悔配合慈濟人文所有活動，留給我最美好的回憶，無限感恩！

教育無他 愛與榜樣

口述／江淑慎
整理／沈秋蘭

一九七六年，江淑慎臺灣師範大畢業後到民生國中任教，認識方美倫老師，在她的引領下，投入慈濟行列。二〇〇四年二月，自民生國中退休，二〇〇五年八月到慈大附中任教，堅持用愛來教育和傳承給每一位學子。二〇一七年罹患肺腺癌第四期，二〇一八年七月退休後，在慈大附中擔任兼課教師，用生命寫下奇蹟。

家政到數學 屢教升學班

我在幼年時期即不喜歡吃肉，母親對此則是抱持順其自然的態度，雖然不鼓勵，卻也不反對，也許是因為母親信佛，對我排斥肉食有理解的心。就讀高中時，父親希望我將來能成為醫生，因此大學聯考投考丙組，結果分發到國立臺灣師範大學家政系。

在大學我選修數學教育為第二專長，一九七六年畢業後擔任數學教師，沒有成為家政老師，因為家政系本科，課堂要處理魚、肉等，是葷的食材而放棄。日後雖曾商請學校，以家政老師申請登記教師資格，但始終未曾擔任家政課的教學工作。

我在臺北市民生國中擔任數學科教學，經常擔任國三A段班專任教師，學校行政早已把我視為帶領學生拚大考的不二人選。一九八一年到一九九一年間，國中的升學壓力非常大，擔任數學教師的工作壓力也非常重。回憶起每年在七月八日，國三學生考完大考這天，前腳剛送走畢業班，後腳旋即接任國三新班。

擔任國三升學班的教師，通常是吃力不討好，所有老師都避之唯恐不及的。我不覺得需要拒絕，有人問我：不斷接任國三新班的教學，妳不會累嗎？這其中是否有學校對妳的肯定，讓妳樂此不疲？」我那時年輕，也未曾去深究自己內心真正的想法。不過這其中有深埋在內心的榮譽及責任感，這兩個重要因素激勵著我。

發掘優點 讓學生成長

我與慈濟的因緣，得從我的阿姨李紅招說起，她是慈濟委員。一九七二年我就讀大學，擔任家教已有收入，抽出一定金額交給母親，再轉給阿姨繳功德款。那時還不算真正進入慈濟，直到一九七六年到臺北市民生國中任教，認識方美倫老師，在她的引領下，投入慈濟行列，才算真正踏入慈濟。

二〇〇四年二月，我年滿五十歲自教職退休，在臺北教聯會帶慈少班。因營隊的帶領，每月常有機會往返花蓮數趟。爾後因循證嚴上人的教育理念，二〇〇五年八月進入慈大附中任教。我告訴班上學生：「師公上人很想教你們每個人，

江淑慎老師（提供／慈大附中人文室）

但因為太忙了，所以派我來教你們。」

我到慈大附中後帶的班級，曾經創下入學時全年級平均分數最低，但一年後平均轉為全年級第一的紀錄。「帶他們玩，逼他們讀書，進步就給鼓勵。」就這三條簡捷明瞭的綱領，架構優異的班級經營方向與準則。喜歡帶學生出去玩，每學期「小玩很多場，大玩一大場」，讓班上學生有很多的活動，因為只有讀書，學生不會學到書本以外的知識。

班級旅遊活動的策畫，在國一時交由家長負責，等學生升上國二、國三，就賦予學生行程規劃的任務。「有時我就假裝不會，推孩子上前。」在活動中，發掘學生展現的優點，觀察學生在人際關係上的互動，這些都成為班級經營重要的一環。

除了旅遊活動外，我也不願錯失任何讓學生學習成長的機會。假日帶學生到「老人之家」做關懷活動，時間長達一年半。院裡的長者起先表現淡漠，但後來他們的心被孩子融化，假日時總滿心期待著孩子的到來。並且激勵學生參加精舍路跑，「我不太會跑步，但我下去操場跟著學生跑步。」學生都能在老師身上印證體會這句話：「教育無他，唯愛與榜樣而已。」

獎金鼓勵 受用無窮

我對學生的鼓勵，可說不遺餘力，我的口頭禪：「我今天要讚歎你們……」除了口頭上的獎勵之外，紅包獎勵也成效卓著。發紅包是我向上人學習得來的，自從拿到上人的歲末祝福紅包之後。紅包其實只是象徵性質，背後實質意涵是對孩子的鼓勵。

學生每月返家時，總有一封我寫的「家書」，要讓孩子帶回去給他們的父母。家書內容會呈現兩欄榮譽榜，一欄是學生獲得公開表揚的優秀事蹟，另一欄則是每日確實完成作業的榮譽榜。只要有優秀事蹟，都會得到獎金鼓勵，「我會發一百元紅包或點心，讓學生在路上使用。」

另外班上學生進校排名前十、前五、前三，都會收到金額不同的紅包獎勵。讓孩子體會，認真讀書也能賺錢。有一個成績優異的孩子，短短一學期即從老師那裡賺得兩千元。孩子有一天，竟然原封不動地，把他獲得的兩千元獎金交給我，轉交給慈濟功德會。孩子的舉動，我感到無比欣慰與感動。那是長期的身教、言教，在孩子身上傳遞的愛，潛移默化所得到的成果。

紅包獎勵，不只落在成績優異的學生身上，成績位於後段的學生，一樣也可以得到鼓勵。只要校排名進步二十五名者，發紅包一百元：「我就是以一個名義，要來鼓勵學生。」回憶起一位學生，他從校排倒數第四名，進步到全校十二名。至今仍記得這個孩子的努力，我內心感受到：「老師小小的鼓勵，讓孩子受用，我自己也得到很多的快樂。」

罹患肺癌 退而不休

在班級經營方面，也善用家長的力量，會適時提醒家長，孩子得到老師的獎勵，家長也可以相對或加倍提出獎勵金，這個孩子得到的鼓勵將是雙重的加乘。把家長的力量帶進班級，曾經擔任班級的家長會長說：「只要老師一呼，我們家長會就會啟動。那是一個愛的循環，家長做的只是反饋老師對我們孩子的付出。」

二〇一七年罹患肺腺癌第四期，當時正帶著一班大考在即的國三學生。我沒有讓學生知道，即使化療後的後遺症讓身體每個細胞都不舒服，我仍每天一樣地上課、出考題、改試卷、陪伴，偶爾有家長協助陪學生晚自習，等他們先考完再說。我很感恩因為得病，讓我提前整理，回首以及檢視自己一路走來的足跡，而不致因來不及整理感到遺憾。

學生畢業後，原本跟著要從職場畢業；但是與慈大附中教師回到精舍見上人時，上人聽聞我罹病，向前拉起我的手要我繼續教書。聽到上人鼓勵我要繼續教書，內心感到無比的欣喜與感恩。二〇一八年七月退休後，仍在慈大附中擔任兼課教師，一週上五堂課。

上人曾言：「老師是學生心田的勤耕農夫。」能在喜愛的慈濟教育氛圍中，時時播種，日日花開見果，繼續奉獻我對教育的愛；尤其五十歲以後，參加慈濟教聯會活動，受證慈濟委員，也帶慈少班活動，更是歡喜幸福。

【後記】文◎沈秋蘭

生命終章 無怨無悔

因此書的因緣，二〇一九年九月五日我搭火車到花蓮慈大附中採訪江淑慎老師。在下著大雨的花蓮黃昏，我聽到一位熱血教師的生命故事，內心感到無比的幸福與愉悅，之後我和江淑慎老師一直保持著聯繫。中秋前夕，江淑慎老師因做化療在花蓮慈濟醫院治療，她傳來自己對著病房窗外拍到的當空明月，並加註她住在慈濟大飯店（花蓮慈濟醫學中心），受到二十四小時專人無微不至的溫柔伺候。

這就是江淑慎老師，在病中理解生命的無常，而更珍視每一個當下，並在上人的佛法裡，得到身心的安頓。二〇二〇年五月二十二日江淑慎老師逝世；江淑慎老師的女兒傳來：「媽媽已經在昨晚離開人間，前去西方極樂世界；而她的大體則安置在她最愛的慈濟醫學院當大體老師。」五月卅一日，慈大附中師長在學校演藝廳為淑慎老師辦了唯一的一場追思會，許多老師主動承擔工作，當日有約八百多位校友、家長從全省各地專程來參加，這是淑慎老師結下的好緣。

上人說過：「江老師生病以後，我鼓勵她，不要空過時日，要做到最後的一口氣；她做到了，是大家的典範。」是什麼典範呢？「慈濟人一直以來都力行菩薩道，要自我珍惜，應知時日不待人，生命隨著時間消逝，而且人生無常，唯有把握當下勤精進，為自己開拓生命的廣度與深度。」上人的教誨，正是江淑慎老師一生精進最貼切的寫照。

篤定人生的方向

口述／官振驤
整理／沈秋蘭

官振驤一直感到自豪的是，自己與上人一九六六年創辦的慈濟功德會同齡。就讀高中時，他的心中就已經立定志向，將來要成為一名老師。大學畢業之後，如願在臺北市靜修女中擔任教師十四年。爾後，又有因緣來到慈大附中，從此底定了人生的方向，樂在其中。

投入慈濟 逐步邁向花蓮

二○○○年我接觸到慈濟，起初是從每月兩次的環保開始做起。投入慈濟志工之後，自然而然被團體的美善吸引。接著我參加見習、培訓，並加入慈誠隊、教聯會。二○○一年，因緣成熟受證為慈濟委員。同年，在一次偶然的機會，聽到士林區慈濟委員林智慧師姊提到，慈大附中要招考教師的訊息。當時我一方面想要走出臺北生活的舒適圈，但另一方面心裡卻又忐忑不安。

如果決意要去參加慈大附中教師甄試，就不能接下靜修女中的聘書。倘若我在慈大附中的甄試落榜，有可能落得兩頭皆空的窘境。當時我的內心來回怔忡，猶豫不已，即使以天人交戰來形容亦不為過。幾經思考，最後我仍下定決心，即使冒著失去工作的危機，我也要奮力一搏。

當時慈濟正在臺北市興建關渡大愛電視臺，以及之後的臺北慈濟醫院，我恭逢其時得以參與這兩次工程的景觀工程。「甘願做，歡喜受。」當年的汗水勞動，如今回首望去，都已然成為我個人生命中難忘的足跡。

幸運通過慈大附中的甄選後，緊接著要搬到花蓮居住。我把大小家當搬到車上，一路風塵僕僕開向花蓮。「告別了家園，踏上了旅程，未知前程向何方，隱約聽見佛陀千年的呼喚，迎向太陽，邁向東方，正是一生宿命皈依的方向……」這首〈方向〉的歌詞，正是當年前來花蓮的心情寫照。相信從西部前來花蓮慈大附中任教的老師，在途中，也都會經歷這樣一段千迴百轉心情跌宕起伏的過程。

以老師生命　成就學生慧命

任教慈大附中後，我沒有太大的失望。一步一腳印持續的努力，希望以身作則，戰戰兢兢做好教育的工作。我總抱持學生喜歡做的事，我就給他們成就、支持。以老師的生命，成就孩子的慧命；用父母的心來愛這群孩子，用菩薩的智慧來教育這群和慈濟這麼有因緣的孩子，並且以愛管理，以戒為制度。不期許自己成為孩子生命中的貴人，而是看到孩子的需要，發揮自己的良能。

而這些孩子也都堪以造就，只要多給他們引領。在慈大附中我教過很多優秀的學生，他們都很努力，一想起他們，我不禁喜從中生。有一個我教過的孩子楊尹榕，國中畢業領師公上人獎，大學時擔任慈青社長，勇敢擔起分量不輕的慈青社務。現今大學畢業，也回來慈大附中教書，身為師長的我，感到與有榮焉。

我也常帶孩子去參加《慈悲三昧水懺》及《父母恩重難報經》演繹等活動，我和孩子之間沒有隔閡，好事共同來做，各種形式的福田工作一起成就。這些都

官振驤老師（左一。提供/慈大附中人文室）

是我很歡喜的事，只要學生報名，我就陪他們一起去參加。

學生因寄宿在學校，外出或生病就診等等較不方便，只要時間能夠配合，我一定有求必應。這些年來接送學生看醫生、到郵局、車站、採購生活日用品等等，已經成為我的日常。我心裡抱持著廣結善緣，能做就是福的想法，內心早已甘之如飴。而這種師生之間的溫馨接送，不也代表學生對我的信任？而且自己也在示範常常告訴學生的話：「有兩種教不要信，比較和計較。」

只要找到路 就不怕路遙遠

二〇一八年，普悠瑪列車在宜蘭發生重大的出軌事故，造成東部交通嚴重的癱瘓。因班上孩子隔日在校內有重要的活動，當時我義無反顧，一念心就是想趕快把這個孩子接回來，成就他的道心。

我在打電話取得家長的同意之後，晚間六點多立刻開車出發，八點抵達羅東，看到孩子平安，我的內心也感到無比的欣慰。看到那異常混亂的接駁場面，我心中不由慶幸，自己當機立斷趕早出發，否則回花蓮的路途，可能將花費更長的時間。

進入慈大附中教學之後，因為全部心力放在學校志業，加上不習慣假手他人來看顧自己班級的晚自習，所以每天工作十五、六個小時，可說是家常便飯。因為長時間在校，所以一直都住在慈大附中教師宿舍，未曾搬遷出去。

上人常叮嚀弟子要把握「三間」，時間、空間，以及人與人之間。而我的「三間」，則是「教室、寢室、辦公室」。因此進入慈大附中後，我反而較少有時間去參加社區活動，也因而更知要把握時間與因緣，除了參與幾次大體老師扶靈的莊嚴道場之外，每年春節期間，也回靜思精舍擔任交通勤務，歡喜接送回精舍的志工。

回想二〇〇一那年，上人剛好行腳到慈濟關渡園區，一位志工引領我上前，接受上人的祝福。當上人得知我即將前往慈大附中擔任教師，他語重心長地對我說，「回來花蓮是分擔我的教育志業。」接著我看到上人將雙手輕輕放在肩膀上的手勢，他要我勇於承擔教育的工作。上人又用閩南語問我：「成家了嗎？」

我回答沒有。上人就說：「那你暫時先不要有家業。」那段與上人短暫對話的畫面，至今仍歷歷如在眼前。

午夜夢迴，我時常問著自己，當時進入慈大附中教書的那一念心，還堅固嗎？我在上人創造的教育福田中耕耘，雖然身體有時會累，但心不會累，我也從來不覺得辛苦，我覺得自己只是盡本分得本事而已。靜思語說：「只要緣深，就不怕緣來得遲；只要找到路，就不怕路遙遠。」我歡喜地告訴自己，二〇〇一年告別家園，踏上旅程，來到花蓮，從此我就底定了自己人生的方向。

鋼鐵柔情的舍爸

口述／黃展霖
整理／林雪儒

侍衛隊出身，在軍隊中是士官長，負責管理服役的陸軍。退伍後在臺中做過園藝，因為人手不夠、資金不足，所以回到臺東。之後輾轉來到花蓮，承擔慈大附中警衛，後來轉職為舍爸；轉眼已近二十年，過往歲月，是黃展霖與慈大附中孩子生命歷程中，不可或缺的扉頁。

以軍中紀律　柔性管理孩子

一九七五年，我出生於花蓮，臺東高中畢業後服士官役，以國安局特勤中心退役之後上空中大學。退伍前父親往生，雖然我們家不是慈濟會員，慈濟志工仍齊聚為我的父親助念，那是我首次接觸慈濟。

到慈大附中任職之前，已被慈濟醫院關山分院錄取當總務，後來還是決定留在慈大附中。那時慈濟中、小學剛成立，當時的舍爸缺乏經驗和學生起衝突，因此學校與我商量，讓軍人出身的我，和舍爸交換工作，雖然薪資比較低，仍然決定接任。其實在軍隊中也是要管人，那時管理的是軍人，到慈濟來管理孩子們，都是一樣的工作，只是對象不同。

慈大附中的孩子來自社會的不同角落，初相處要花很多時間磨合，尤其又是隻身來到異地，離開家長的庇護獨立生活，有很多要適應和學習的地方。舍爸就是要陪他們，度過在慈大附中住宿的歲月。

把孩子送到慈大附中的父母，都是抱著很高的期待。有些孩子回家會說髒話，父母提出質疑，為什麼在慈濟的學校，孩子還會說髒話？孩子都來自不同地方，並非一開始就在慈濟環境成長，可能在小學階段就會說不雅言語。慈濟只是提供一個良善的環境，讓孩子學習如何待人處世。不過，這是新生比較常有的現象，住校一段時間，經過人文薰習後，這種情況就會愈來愈少。

有些孩子本來就比較霸氣，在家有幫佣可以使喚；每個孩子在家都是寶，來

黃展霖舍爸（右）發揮專業，利用放學時間陪同學一起種菜，了解一粥一飯當思來之不易。（提供／慈大附中人文室）

到團體生活，每件事都要和人分享，還要排隊，難免有爭執，舍爸就是要協調，久而久之，暴戾之氣就會慢慢消滅了。

孩子有時會抱怨舍爸不公平，其實每位舍爸都會比較偏袒自己帶的孩子，但如以大團體的利益為前提，不管是誰都要配合。如果過半數的孩子，覺得舍爸不對，舍爸就要改；如果六成的人覺得沒有問題，就要請個人配合大家了。其實很多事情對錯不是十分明確，遇到問題就要處理，不要堆積。

也有學生和我吵過架，因為他正處青春期，不高興時，你說的話他都不想聽。所以孩子在氣頭上，不要和他繼續爭論與僵持；通常都會先有個緩和空間，等他情緒發洩後再溝通，如果孩子太超過還是要處分，不過，行政懲罰永遠放在最後。

年輕舍爸　與青春期孩子較勁

其實舍爸的工作，是讓孩子們準時就寢，隔天才有精神上課，就是生活上的管理，教孩子們內務的處理，排解孩子們的糾紛。說起來很簡單，做起來卻不是那麼容易。我也是一直不斷調整自己，就像老師們要適應新課綱一樣，都是要不斷學習。

二十年的時間都在管理孩子，經驗自然是很豐富，但是必須隨著時代而改變管理制度。因為二十年前孩子的思維，與今日大不相同；早期孩子們藏色情書刊，現在孩子們藏手機，為了讓孩子能專心學習，要不斷和孩子們過招，破解他們層出不窮的花樣。

如何與家長們溝通，與孩子們取得共識，得在做中修正和汲取經驗。另外，也要配合時代與社會變遷，調整管理方式。不同性格的孩子有不同的想法意見，有時也花樣百出，所以教學相長，不能一種模式套用在所有孩子身上，要不斷看見孩子的需要再做調整。

舍爸的工作是要輪大夜班，有時孩子們半夜生病要看醫生，也是舍爸的工作範圍，所以時常是日夜顛倒。但是我很適應，也習慣這樣的生活模式。在舍爸中，我是屬年輕的，但是年輕比較有體力、精力，與青春期的孩子較勁。

有些家長看我年輕，資歷應該比較淺，會比較不放心，但是我不以為意，始終堅守崗位，做好自己該做的事。當班時，要在櫃臺應對家長和整個宿舍孩子的需求，而沒有時間處理自己陪伴孩子的需求，都利用不當班的時間到宿舍，所以無論何時，孩子們都可以見到我。

孩子回校探望 是最好的回報

原本來當學校警衛只是一個過渡時期，轉任舍爸的這二十年期間，曾有過兩次要離職。剛開始的幾年雖然很認真做，不過，各方好壞的評價不一，可能當時年紀輕，處事風格比較硬派，校方對我有些看法，險些以「不適任」離開崗位。就在打算離開時，有許多孩子要升國一的家長，指名要我來帶孩子，加上曾裕真主任的支持，讓我能夠在這個崗位上好好發揮，就這樣峰迴路轉留了下來。後來，又因為家裡的因素，有過離職的念頭，但也克服了，這就是因緣吧！

如果要說因緣，早期上人常常來學校，當時很多人想被上人摸頭，和上人握手後都不洗手。我自認是不乖的那個，老是站得高高的，上人還會說：「你站這麼高，我看你，頭抬得好痠啊！」當時雖不太懂得，大家為何這麼珍視和上人接觸的機會。二十年過去，即使不用被摸頭，我也一樣會認真做。

在慈濟世界待久了，很多志工鼓勵我培訓：「我每天要花很多時間在孩子們身上，都在慈濟環境，也是在做慈濟啊！」

我過去有過園藝的經驗，創校初期，靜思精舍常住師父帶著我幫孩子們上花道課，後來陸續開過許多社團，如手工娃娃社、耕作小菜園園藝社，因為是客語薪傳師，開過客語朗讀社，曾帶領中學的孩子們，連續三年參加客語朗讀比賽，分別拿到過冠、亞軍。上網搜尋還能見到許多得獎訊息，和創建的手工娃娃網頁，在學校的生活是精彩紛呈的。

二十年的時間，對於人生的悲歡離合，能用平常心視之。但是看到相處多年的孩子，畢業後離開學校，心裡還是會難過。隨著時間過去，那些在宿舍裡犯錯，被送去校方記過的孩子，還會回來找我，一進門都很開心地大叫：「舍爸，我回來了！」孩子們回來探望，多少也能療癒離別時的傷感，是用心陪伴孩子得到最好的回報。

十年樹木，百年樹人，師長能成就孩子們的未來；陪伴孩子度過每個想家夜晚的舍爸，代替父母照顧他們的日常，無私地奉獻了自己的專長，指導他們做人處世的道理。無數個寒暑匆匆而過，亦師、亦父、亦友，培養出的深厚情誼，豐富了慈大附中孩子與我的生命，是值得回味的。

慈大附中的慈濟人文

撰文／吳旬枝

上課鐘響，方美倫老師進到教室，「孩子們，上課囉，大家把課本拿出來！」「老師，慈濟人文又沒有課本！」學生在臺下七嘴八舌地回應，方美倫老師說：「對啊！既然人文沒有課本，那為什麼很多同學桌上都有英文、數學各種課本呢？我們一起把書都收起來，桌面整理乾淨，時時要記得維持『慈濟人文桌面』，筆盒和水壺都擺放整齊，上課的時候，我們的桌椅、周邊環境也要賞心悅目」。

拋開課本 投入生活的一門課

「慈濟人文」，實在不是一門容易的課，相較於有課本、有進度可參照的課程，慈濟人文沒有課本、無法考試、不知何時才算是「上完了」？但期末時老師都得打分數，因為慈濟人文課是慈大附中每一位學生的必修課程，跟教育部訂定的國文、英文、數學等學科一樣，慈濟人文課拿到的學分也是教育部認可的畢業學分。更特別的是，老師和學生不知何時起，很有默契地一致認為「慈濟人文老師要有超高ＥＱ、要時時和藹可親、不能責備學生（即使學生始終不交學習單）、不能高分貝說話（即使糾正了同一位學生同一件事N次後）……」在幾乎被「神級化」之下，可想而知，慈濟人文老師的包袱有多大！

人文課除了教習禮儀，還有更多是行善、行孝與時事災情及慈濟人全球關懷的腳步，希望學生能見苦知福。老師們較常被學生問：「以前沒有龍口含珠吃飯，我也長到這麼高啊！」、「走路要輕，怕地會痛，那我們跑步怎麼辦？」、「那些災情跟我有什麼關係呢？」、「我們只是學生，做不了什麼」等等。老師們在上課時能充分感受到學生的感同身受，但也看到深層內化影響力的侷限，因為「聽來的感動是一時、故事是別人的」。

因而二〇〇八年到二〇一〇年間，在我們多方協調下，方美倫老師、郭梅桂老師和我開始每個隔週的星期五，帶著國二各班輪流到基督教黎明教養院、佛教禪光育幼院、畢士大教養院等各機構服務，服務前的培訓課就由人文老師和導師

人文室同仁（吳旬枝主任/前排左二。提供/慈大附中人文室）

一起帶著學生討論、彩排節目、訓練主持、練習服務內容。

付出後 才有真體驗

這樣的調整帶來學生很大的迴響，付出的感動和成就也讓學生有良好的態度。於是二〇〇九年，在方美倫老師和林成財老師兩位導師的認同下，國三直升（高中）班的學生每週五人文課都到花蓮慈院服務，學生在大廳表演節目，主持也都由學生自己來，這樣的服務持續一個學期。兩個班級人才濟濟，李謙逸是當時每次活動的主要負責人，也是我的良師益友，謙逸向來活潑、主動、才華洋溢，剛開始每次都很快能把節目與人分工好，病友看到儀禮氣質好的中學孩子總是給予最大的掌聲。但兩週一次的服務，在幾個月後讓孩子們深感江郎才盡，連「講笑話」都排進節目裡。

期末前，無助的謙逸常徘徊在人文室，於是我們找了表演藝術老師、音樂老師都加進來幫忙，包括國文老師也樂於教孩子們來場詩歌朗誦。直至後來升高中或到美國「交換學生」，乃至畢業後在兩岸的工作，謙逸一直在藝術表演方面有所發揮；畢業後還帶工作友人回到母校憶當年。

接下來兩屆直升班的學生，後來決定到黎明教養院服務。教養院裡都是身心障礙者，我們用「交新朋友」的角度讓學生隨機隨緣選了一位要陪伴整個學期的朋友，他們須了解新朋友的背景、身心疾病情形、決定如何陪伴。看著孩子們返校後主動上網查詢他們可以為「高功能自閉」、「腦性痲痺」的新朋友做什麼？導師陳雅瑜、林麗君老師感受到學生自發性想做事的動力。

故事當然不是這樣結束，有一天，學生跑來人文室說：「我們的新朋友要進行『校外教學』，機構需要志工人力，我們想去陪新朋友」。那是上班上課日，讓孩子在「應該在教室上課的時間」到校外做志工，雖說有意義，但身為師長乃是很難抉擇。還好當時的李克難校長與導師都大力支持，在一個風和日麗的日子裡，孩子們完成了陪伴好朋友的心願。全日的陪伴和兩小時的陪同，對我們學生而言，在身心負擔上是完全不同，張芸瑄回來後分享說真的好累，新朋友連喝水、上洗手間、吃飯都需有人小心翼翼地協助。這是人生完全不一樣的體會，學生不僅佩服每天在教養院裡老師的耐心，更感恩父母生給了自己健康的身體；有位陪同的家長回來後說：「我不再要求孩子太多了，只要他健康就好。」

人文課一直以「在孩子心田播種」的概念進行著，不知何時會發芽長苗，也許會枯萎，但如農夫的教育工作仍要持續。看著慈濟師姑、師伯在全球的行動力，孩子們在這樣的啟發下，展現出來的行動力也讓人感動。遇天災人禍，總會主動積極地到人文室表示希望能為災情盡心力。

二〇〇九年的八八風災，現已是實習醫師的洪端珮當年是班聯會會長，她帶著班聯會幹部們規劃義演，邀請學校校隊、社團和才藝班的孩子們，設計了系列節目；演藝廳空間不大、燈光音效不足，但孩子們為災民募心募愛的熱情感染了在場每個人，那一年的家長會長陳映伶媽媽在結束後立即捐了兩萬元鼓勵孩子們的用心。後來再辦理義演時，慧黠的學弟妹們研發出升級版，把演藝廳分成四區，每區收費不同：搖滾區讓校長主任認領，也自己發心捐款（哪位主任會捨不得捐個至少一千呢？）老師區在中央、學生零用錢有限，所以收費最低。無論如何，慈大附中學生的熱血和熱情讓參加過的師長銘記在心，也以孩子們的智慧大愛兼具為榮。

二〇一二年美東桑迪颶風災情，當時高二大愛班的潘信安、賴心樺和陳晏瑋希望能在學校發起義賣，在與人文室師長討論後，他們主動聯繫妙膳廳和家長會與慈懿會募集物資，學生自己製作海報，利用晚自習時間至各班招募志工人力、自己規劃製作分工表、義賣時段、分組分工等等。那是首次由學生發起的義賣，人文室老師為了支持孩子們的心念，每天起早趕晚幫忙製作義賣物資，甚至有一天是清晨五點半即到學校幫忙包壽司；最後一天在數義賣所得時，應該是一千、兩千、三千的點錢單位，卻累到「個、十、百、千」在數，怎麼數都不知道手上有多少錢。

學校裡，有教師甄試時考國文、物理等各科而進到學校任教的老師，但沒有任何一位老師是應試慈濟人文老師進來的。大家常開玩笑說人文老師都是來「做功德」的，常都需用自己沒課的時間、下班後的夜晚或週末，才能聚在一起討論撰寫、修改教案。在此要向每一位曾經付出的老師、導師和專任老師致上最深的敬意。

上人曾說臺灣不缺一所學校，但缺一所以品格為主的學校，因而慈大附中特別重視學生的品格，而如何教育品格？就以慈濟人文培育，讓學生浸潤在課程、活動與環境中。許多家長願意大老遠地把孩子從西部送來花蓮讀書，就是要讓孩子學習慈濟人文。

慈濟人文是修於內、形於外的教養與修養，是在養成孩子們對人、事、物，乃至萬事萬物及自己正確的「態度」；若學生能在課程中學到正確的態度，在典範故事中省思生命的意義、體會付出的意義，在未來的人生道路上，也能將感受到的大愛轉化成實際行動，讓愛與善不斷循環。

無論課綱如何改變，教學方式如何調整，但以慈濟人文精神為核心的觀念是我們的堅持。

環保就是我們的生活

撰文／張佩琪、卓錦鈺

慈濟教育志業重視「品德教育」、「生活教育」、「全人教育」，環保教育是其中很重要的一環。慈大附中響應證嚴上人「用鼓掌的雙手做環保」來守護地球；在二〇〇〇年創校之初，由陳鏗木老師領軍和一群志願的學生，在簡陋的回收站開始慈大附中的回收工作，利用上、下午打掃時間進行資源分類，及午休時間進行全校教室回收桶的檢查工作，這一分發心非常不容易，但這群「草根菩提」志工隊，都是志願來的，並且恆持初心。他們願意學習證嚴上人稱為「草根菩提」的慈濟環保志工之精神，「在平凡的人生中，做出別人做不到的平凡事」，珍惜物命，成為真正愛地球的全球公民。

環保回收愛護地球

二〇二〇年就讀高中部一年級感恩班的陳乃瑜同學，來自高雄，國中時就讀慈大附中，如今繼續直升高中部就讀；因為外公、外婆是慈濟人，從小就跟著外公、外婆做環保。他說：「去環保站很像在尋寶一樣，可以找到很多特別的東西，所以我很喜歡做回收；也希望透過做環保，可以幫助地球更乾淨。」

因為常去做環保回收，所以懂得更多的分類知識，他很高興能參加慈大附中的「草根菩提」志工隊，因為一般人做回收只會分成玻璃、塑膠、金屬、紙類、垃圾五大類，而他從環保站學來的知識就能派上用場了。慈大附中的分類有：紙類、寶特瓶、塑膠類、紙杯盒、鋁箔包、鐵鋁罐、其他、可堆肥、不可回收等等，但是她也表示：「每個人對回收分類的認知不同，有些人常常會亂丟，我們還是要一個、一個地拿出來再重新分類。」

陳乃瑜剛加入草根菩提隊時，面對有人亂分類，或者是狗狗把垃圾袋咬破垃圾四散，還有堆積如山未分類的垃圾會感到煩惱與困擾，但她聽師公上人說：「做好事、做善事，就是造福的人。」她要做有福氣的人。現在她學習到面對事情時不要急、不要慌，心裡會想著：「當這些事情發生的當下，我該如何去處理？」用正向的思考解決問題，或者是找同學一起幫忙。

草根菩提志工進行每天例行的志工服務，為回收物做資源分類。（陳乃瑜／右二。提供／慈大附中人文室）

生活教育落實環保

資源回收對一般學生來說是件困難的事；未清洗的飲料杯、泡麵碗、發酵的廚餘……在烈日曝曬下所散發出的味道令人作嘔，有時還交織著白色小生物蠕動驚心動魄的畫面，然而，這群「草根菩提」的學生往往面不改色地用夾子夾起，在水龍頭底下沖洗乾淨後再進行回收。

每一個寶特瓶蓋子要拆解，瓶子要壓扁。鋁箔包飲料、吸管、塑膠套要拆，瓶身要清洗、壓扁，有耳塑膠以繩子串起，硬塑膠、軟塑膠要分類……林林總總，不同的細項和分類，每個細節都不容忽視，「拋棄就是垃圾，回收就是資源」。

夏日裡，固然有揮之不去的小黑蚊布滿雙手、雙腳、臉頰，奇癢無比，但全校打掃時間、整理分類只有十五分鐘，分秒必爭下，連揮手驅趕蚊蟲的時間都顯得奢侈。然而，「垃圾變黃金」在這裡從不是口號，而是一群青春學子日日不變的修行。日新月異的食品層層包裝，紙類及塑化物品讓生活變得更方便，但是複合性的物品被創造出來，就如學生最常使用的原子筆，最長的使用時間可能為一個月，一旦使用完畢，它被丟進垃圾桶，只有焚燒的命運。

但草根菩提隊的學生會細心地說：「老師，原子筆外殼是塑膠，中間有一圈是鐵圈，中心有油墨，如果我們不拆，廠商不回收；如果我們一一拆開，或許廠商可以收，也不需要經過焚燒來汙染環境。」哪怕小至一支筆，草根菩提隊的學生們就能為大地、廠商、大家的健康多一分考量。

但也有許多物品令他們無能為力，一整袋的衣服被丟進了回收站；打開一看，裡面的衣物都是新穎可以再使用的，常常學生就會感嘆，衣服這麼新、這麼浪費！人們消費能力不斷地創新高，一件衣物從製造、販賣到消費者手上，最後到了回收場，這段過程，時間不斷地縮短，到回收場之後，後端如果沒有適合再利用的去處，衣服未必能再被循環，新舊衣物都一樣，只有進焚化爐燒毀一途。

上人呼籲「清淨在源頭」，減少物欲。慈大附中的學生除了草根菩提隊學生之外，其餘每一位學生也都被教育在日常生活中落實環保，使用環保餐具，餐餐茹素，教學區與宿舍區都進行資源分類回收，期望未來每一位慈大附中的學生都是臺灣各界的草根菩提與環保尖兵。

見苦知福轉為愛

在慈大實小讀書的孩子是幸福的，因為他們擁有父母、祖父母及師長們滿滿的愛。有愛滋潤的孩子，受師長啟發，許多學生選擇不同方式，隨著我們進行志工服務，已展開多年部落獨居長者關懷。孩子與長者間，沒有族群不同以及年齡的距離；協助偏鄉柿農採收，給街友保暖衣物送上熱食。看到他們因為外圍的資源協助，而翻轉貧困，孩子是「見苦知福」的最佳見證者；而我們，則見證了孩子為自己寫下精彩感人的篇章。

撰文／莊春紅

我是莊春紅，一九七二年出生於桃園。就讀大學時，我的媽媽受慈濟志工接引，全家成為慈濟會員。我大學畢業後於電腦補習班任職，結婚後搬遷至花蓮投入國小教職。二〇〇七年，經慈大實小的陳秋員老師接引一起到慈大實小任職。

以前在公立學校教書，我雖然知道品格教育很重要，但總有心有餘而力不足，來到慈大實小，學校的氛圍給我很大的力量。以前的我比較嚴厲、急躁；在陪孩子參與靜思語教學、茶道及花道等人文課程後，心境慢慢沉靜下來，學習如何修身養性。

部落獨居長者 關懷篇

一路走來，「行善行孝不能等」這句靜思語，對我而言已不僅是好話一句，而是落實在生活中的真理，更用身教帶動愛與善的效應。慈濟四大志業慈善、醫療、教育、人文，做的是利益眾人、社會、環境的志業。除了海內外賑災、濟助貧苦，更藉由人文教育，撒播善的種子，影響更多的人投入有意義的事。

之前我認為每個月繳功德款就是行善，直到親自與學生參與訪視與關懷後，感動非言語可喻。回想起二〇一三年，當我與吳靜芬老師帶著學生第一次走進獨居長者金蘭阿嬤的家時，看到雜亂陰暗的房間，堆積著長黴的碗筷，聞到撲鼻難聞的尿屎味，阿嬤居住的環境令我非常不捨。

阿嬤一個人孤伶伶地躺在床上，還沒有吃早餐，這個場景並沒有嚇跑學生；

因為在出發前，我已經請志工家長，先對學生進行心理建設，讓他們觀看阿嬤家的現況，了解可能面臨的情景，也先進行任務分組，避免這群高年級學生臨場退怯。

學生很有禮貌地向阿嬤問好，扶阿嬤走出房間幫她洗臉、餵她吃早餐；不捨阿嬤住在會漏水的鐵皮屋子裡。有的學生幫忙打掃房間，協助整理衣物；有的在屋外打掃院子，進行垃圾分類；有的學生用輪椅推阿嬤去散步，一路上阿嬤開心地用族語唱著聖歌，學生也熱情地打著節拍、跟著哼唱，構成了一幅沒有年齡的差距、沒有族群的分別、和諧溫馨的畫面，讓我至今難忘。

忘年情緣 深植彼此心中

呂佳同學在廚房幫忙洗碗，我問她：「怕不怕這麼髒的碗？」她說：「不會怕，只要阿嬤可以有乾淨的碗用，我就很開心。」在與阿嬤的互動中，了解她的先生早逝，唯一的獨子因病住院。短暫與阿嬤互動，卻深入地服務，讓學生知道

學生送暖風扇給阿嬤，並當場打開試用，阿嬤開心地握住春紅老師（中）和學生的手頻頻道謝。（提供 / 莊春紅）

自己所擁有的幸福。

「阿嬤的便當都沒吃！裡面還有一整塊的排骨……」學生看著桌上放著政府單位，協請民間機構送來的餐盒，發出大大的疑問：「已經過中午了，你們想想為什麼阿嬤沒有吃？」有的學生不捨地說：「阿嬤沒有牙齒，怎麼咬啊！」在實際的環境中，透過師生的對話，讓學生懂得，從對方真正的需要看到自己的責任，了解志工服務的真諦與精神。

回校後，學生用自己的力量種菜，製作點心義賣，所募得的錢用來買阿嬤需要的高腳藤椅，讓阿嬤方便起坐不吃力；買暖風扇，省電又保暖；八寶粥、沖泡式米粉，軟爛且方便食用，更重要的是阿嬤喜歡吃，還請家長協助修繕破損的紗窗。學期末寒冬，一通來自水源派出所的電話：「阿嬤跌倒住院了。」學生自發地請老師放學後，帶大家到阿嬤家中協助打掃，希望阿嬤出院回來，能有整齊乾淨的家迎接著她。

後來，阿嬤被接到安養中心，學生還持續地去看她。學生坐在安養中心的庭院，中央山脈山腳下徐徐微風，夾帶些許稻草香，我看著學生一口一口地餵著阿嬤喜歡吃的布丁與陽春麵；阿嬤用她原住民口音，叮嚀學生要好好用功讀書，這分忘年情緣，就這樣種在學生與長者的心中，這一幕也深植在我心中。

臺九線　串起花東柿子情緣

說起柿子，似乎已是慈大實小另類的年度活動。在臺東南橫公路山上，有一個非常美麗的霧鹿部落，這裡是布農族世世代代居住的地方，山上的人家種植許多農作物，如高麗菜、青椒、番茄等。村莊裡有一位獨居長者，在後山也種了許多柿子，這裡日夜溫差大，沒有灑農藥，柿子又大又紅又多汁，每當秋天柿子成熟時，猴子、小鳥及山豬都會來果園偷吃，爺爺總是笑笑地說：「沒關係，牠們吃得不多！」

因為山上的道路容易因下雨而坍方，爺爺苦惱著滿園的柿子無法送下山。慈大實小的學生從二〇一四年開始，協助爺爺採果義賣；為了讓更多人可以吃到好吃的柿子，學生決定利用放學時間，在校園川堂進行義賣，二年級的小學弟問：

「為什麼要賣柿子？」參與的學生向他說明整個故事的過程。許多家長也為這個行動而感動，紛紛搶購柿子；義賣期間，透過五位學生的努力架設網頁，爺爺教學生如何進行柿子分級、檢查品質，有的學生進行黏貼紙箱放入碎紙，有的學生負責秤重，有的學生負責封箱寫上收件人的地址，大家有說有笑地一起分工合作，要把祝福的柿子送到訂貨人家。

在學生努力下，成功地把柿子銷售一空，讓柿子爺爺可以度過一個好年。五位學生用他們的力量，度過有意義最後一次的小學暑假。學生將過程製作成電子書，參與全國電子書大賽，獲得第六名佳績。學生說：「沒想到我們小小的動作，獲得大家的肯定。」

靜思語：「做就對了」、「不要小看自己」、「人有無限的可能」，這個行善幫助偏鄉部落長者的活動，從二〇一四年一月持續至今，我看著當年懵懂的學子轉眼升上高中，從懵懂單純的小孩，到熱心助人青少年的歷程，學生很感謝柿子爺爺提供學習機會，透過彼此的努力，完成一件有意義的事情，讓為人師長的我與有榮焉。

善款善用 關懷街友篇

凜冽的寒冬，大家穿著厚軟的衣物，但是有一群無家可歸的街友，穿著單薄的衣物，蜷縮在街頭的一角；慈大實小六年級師生與家長，為街友獻上熱食、禦寒睡袋……溫暖的關懷行動緣起於二〇一六年的「四六二〇」。

當年承辦畢業旅行的單位，提供了一名清寒學生四千六百二十元的補助款，六年級的學生都不需要這筆補助。既然是善款，師生共同思索著如何「善款善用」，毛思琪同學分享，慈濟志工關懷街友的行動令人感動；在師生討論、共識之下，決定要拿善款去關懷街友，「友善街友計畫」就此展開。

如何讓學生和街友能有良善的第一次接觸，是規劃行動前的首要目標。教室裡，老師引導學生表達對街友的印象，再透過恩友社群文章的閱讀，帶學生看到「自己對街友可能存在的刻板印象」，並邀請慈濟志工家長，分享關懷街友的經驗及須注意的事項，啟發學生重新認識街友的念頭，也解除了家長的疑慮與擔心，成為學生關懷街友行動的最佳後盾。

二〇一六年的寒假，我與幾位師生及家長，在單純關懷街友的心念驅動下，頂著霸王寒流，開啟了學生與街友的第一次接觸：在花蓮火車站及花蓮郵政總局的騎樓下，學生或蹲或跪，遞上從軒轅派出所索取來的睡袋，及在便利商店採買的熱食，自在輕鬆地與街友聊天互動。

街友與學生分享自己的生命故事，郵局騎樓下的紅帽叔叔本來是個廚師，無奈餐廳倒閉，生活無以為繼，才流落在街頭。學生圍在紅帽叔叔身旁唱著〈一家人〉，給予他溫暖的祝福；火車站前穿著單薄的叔叔，因年輕時拋妻棄子，出獄後擔心孩子不肯接納他，所以不敢回家。劉麟國同學褪去身上的綠色風衣，披在叔叔的身上，我看到他感動得眼淚直流……

體會　手心向下的幸福感

二〇一六年二月開學第一週，幾位學生分享與街友的第一次接觸，引發全班同學熱烈討論，思索著如何透過自己的力量，為街友做一些事，並展開實際行動。學生用電話聯絡花蓮縣社會局，及人安基金會等社福機構，了解目前對於街友所提供的服務。學生運用四千六百二十元的善款，相約假日一起煮熱食，在師長及家長的陪同下，前往花蓮帝君廟廣場、永吉橋下、火車站等地，與街友分享熱食、關懷互動，了解街友真正的需要。

學生更進一步分組整地種菜、賣菜義賣，更發起「送愛到街角」活動，全校師生募心募愛義賣，利用二十分鐘下課時間煮咖啡、沖泡牛蒡茶，募學校師長的愛心……義賣所得，購買街友需要的生活物資。街友叔叔、阿姨，以他們自己的生命經驗，鼓勵學生努力向上、向善，從街友的回饋，學生體會到手心向下的幸福感。

在與街友的長期互動過程中，發現街友各有所長，學生開始思索著，除了持續地扶助關懷，是否能提供街友自食其力的機會。幾經討論，決定在慈濟環保站辦理「把愛找回來」音樂餐會，除了以音樂會感謝街友願意向學生分享生命故事，同時也讓街友感受到社會的溫情，更希望讓街友知道，有個慈濟環保站，只要街友願意去一起做環保，不只是利益社會環境，也是愛護地球的方法。

音樂餐會前，我陪著學生兩度前往街友聚集地，送上手繪的邀請卡。活動當天雖然天空飄著細雨，街友仍熱情地回應學生的心意，坐滿了會場。音樂餐會開始前，學生與街友一起整理著回收物，看到其中一位街友，還為學生細細地講解回收分類需要注意的細節。

音樂餐會開始，學生發揮各自的所長，有的演出環保劇、有的吹笛子、彈鋼琴、彈吉他，給予街友熱鬧溫馨的感覺，來到這裡就像回到家一樣。大家在吃飯間，聽著音樂，有說有笑的，有的還隨著音樂唱起了歌。

有一位街友伯伯看到劉麟國在臺上彈吉他，也舉手喊道：「我也會彈！」果真，伯伯在臺上彈了好幾首拿手的曲子，才開心地回座。這場音樂餐會，學生不是給予，而是有了更多的學習。

關懷別人 培養慈悲心

「天生我材必有用」，許多的街友並不是自甘流落街頭，而是迫於生活壓力；俗話說「高手在民間」，千萬不可以貌取人，街友可能會煮飯，也可能更擅長音樂，所以看到街友失魂落魄，更應該要去關心他們，給他們愛。學生更分組製作了電子書，希望在關懷街友的過程中看見與反思，透過網路平臺與更多人分享，改變大家對街友的刻板印象，喚起更多人對街友的了解與關心。

學生是未來社會的棟樑，學校提供紮實的知識基礎，在這些活動中，學生運用其細微的觀察力，跨越其生命場域，體驗不同的生活階層；以同理心關懷弱勢族群，與團隊成員互相合作，運用不同的方法，膚慰孤獨的長者，運用電子書敘述在這些活動中的反思，透過潛在課程的學習，儲備挑戰未來世界的能力。

在一系列關懷的行動中，我與師生、家長，從關懷獨居部落長者，協助長者採果義賣，及關懷街友。剛開始的那一念心，到最後的音樂餐會，我從中學習到難以言喻的收穫。學生打電話給社會福利機構，學會了與人溝通的能力；關懷街友時，學習互動能力，以及煮熱食的烹飪能力；種菜時，習得照顧植物的能力，及義賣推銷的能力，其中最重要的就是「關懷別人，培養慈悲心」。這正是一堂生命教育課，給予學生在慈大實小最難忘的回憶。

第三章

園丁

陽光下，幼苗在園丁呵護下成長、日益茁壯。
慈中的老師就像辛勤的園丁，
如陽光般的溫暖，照拂著慈中大小孩子。
孩子們在師長的悉心呵護下，日漸成長——

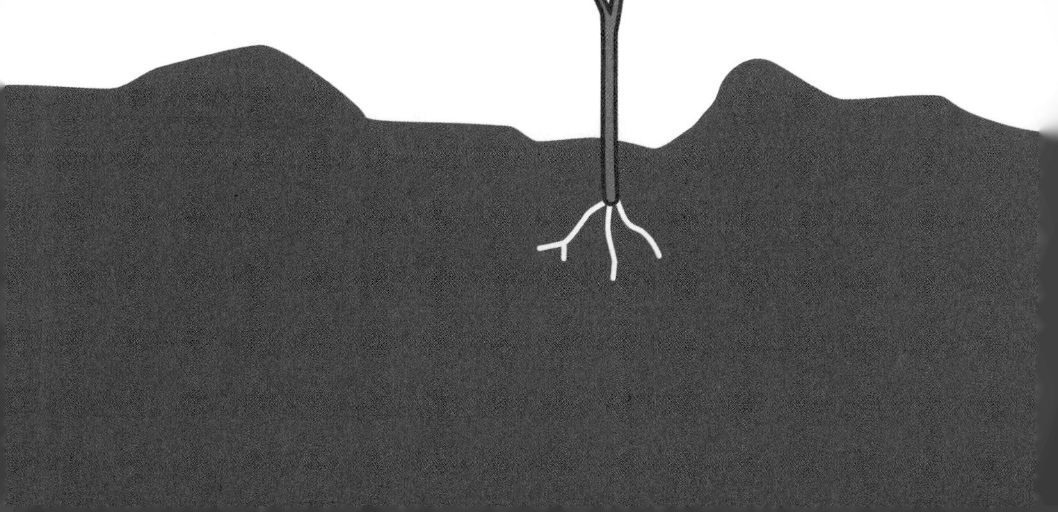

成為每位孩子的母親

口述／洪若岑
整理／鄭淑真

一九九九年七月十一日，慈濟中、小學校舍動土；隔年八月，慈大附中創校，比照慈濟大學成立慈懿會，洪若岑被推薦為慈大附中慈懿會總幹事。走過二十年歲月，最困難的都已經歷過了，就是萬事起頭難，有著最刻骨銘心的心情，也是最令她懷念的日子。

惶恐承擔　慈懿會總幹事

我出生於臺北市，從小父母用心栽培，送我到日本留學，畢業之後回到臺灣，隨即嫁入企業家族，夫婿李鼎銘是兒時的鄰居。一九八五年，我的公公李宗吉、大姑李佳穎、李憶慧，相繼投入慈濟志業，我偶爾在幕後幫忙。等到最小的孩子長大了，便帶著孩子參加「慈濟快樂兒童精進班」，自己當班媽媽，開始投入慈濟教育志工。一九九八年受證，委員號二千六百號，法號慈溶。

二〇〇〇年慈大附中創校，慈濟技術學院的慈懿會總幹事林勝勝，向證嚴上人推薦我承擔慈大附中慈懿會總幹事，當時心裡非常惶恐，不敢接下這個重任。上人行腳到臺北分會，林勝勝約我一起去見上人，上人給我一句話：「照顧別人小孩，就是照顧自己的小孩。」

第一屆招生時，我們覺得上人辦的學校，將慈濟理念灌注在裡面，進入這個學校的孩子，一定各個文質彬彬、氣質非凡。當時我的孩子剛好一個要讀高中、一個要讀國中，想送他們來念慈大附中。

女兒一開始不願意到慈大附中就讀，因為她想待在臺北，花蓮總是比較偏僻。我不放棄勸說，後來她竟說：「那我要跟校長談談……」一般應該是學校面試學生，她卻要去面談校長。還好曾漢榮校長很和藹可親地與她談，後來她勉強地答應：「好啦！」

面談 了解家庭狀況

慈懿會在隔年六月成立，學校覺得一定要設立慈懿會，照顧這些外地來求學的孩子。當時首屆第一學年已經快要結束，隔兩個月的暑假後才會再見面。我覺得應該在下學年才成立較恰當，不過，在校方堅持下快速成立，我就這樣開始承擔，慈懿會行政與學校人文室的串聯。

第一屆是免試入學，所以學校藉由「生活適應調查說明會」調查學生的程度，因為素質有高、有低；有好學生，也有稍微有狀況的，老師教學上比較困難。當時在臺北市慈濟松山聯絡處舉辦說明會，家長來的人數比學生還多，有阿公、阿嬤、爸爸、媽媽、弟弟、妹妹，如果三百多人報名，我們大概要準備接待一千人。後來改在臺北縣慈濟板橋園區，雖然只能錄取約一百八十位，但會場坐得滿滿的。

面談，是學校為了想要了解孩子的家庭狀況，很有趣的是，家長有如自己要考試般都很緊張；他們會把握機會透過老師了解學校的情形，最關心的是宿舍，

洪若岑師姊（右。提供／慈大附中人文室）

雖然知道學校是素食，他們還是會擔心：「夠不夠營養？」

這些年，少子化現象導致招生不易，每年三、四月，學校招生的時候，更需要許多人力，慈懿會都會安排人力與學校老師配合，協助學生及家長報到。二〇一八年，學校還希望慈懿會能有一位爸爸或媽媽，跟著老師一起去與家長面談，因為除了要認識家長，還有其它事務也需要慈懿會協助。

將法融入教案 潛移默化

剛從國小升上國一的孩子，還沒定性、坐不住、很頑皮，覺得懿德日這堂課不用上，寧願到校園各處蹓躂，所以我們常需要去校園找孩子，可是當他跟你熟稔以後，又很依賴你。

高中生雖然成熟一點，可是他在青少年發展階段，覺得自己是大人，心裡會有些排斥。孩子認為：「我家有媽媽，為何還要叫妳媽媽？我好不容易離開家裡，又來一群人要管我！」他們趴在桌上睡覺，或是在走廊看書，不理會你的存在。我會過去關心地問：「你怎麼會在這裡？」他說：「因為我要考試。」有的整班男生跑出去打籃球，我們帶班的爸爸剛好是教練，就進場與他們打球，玩到孩子高興為止。

我覺得懿德爸爸、媽媽，剛開始進班的挫折感會很大，孩子還很可愛地會問我們：「你們是上人派來的嗎？」對我們有防衛心。因為新的學校還不穩定，我們很努力地與孩子溝通；還好第一屆畢業以後，第二、第三屆，孩子進學校時，就已經有慈誠爸爸、懿德媽媽關懷，再看到學長都是一樣，就習以為常。時間久了，孩子就會了解，我們只是適度地關懷。

慈懿會的活動教案，剛開始是從教聯會「大愛引航」挑選出來，後來學校提到，內容與正規的人文課程重疊。為避免用同樣的教案，有一陣子我們改用臺中的人偶劇影帶，其實孩子比較喜歡看影片。課務團隊這五年，則是採用與慈濟相關的素材，透過遊戲寓教於樂的方式。例如，慈濟人都有訪視、國際賑災等，依著爸爸媽媽本身的經歷去分享，也藉此融入上人的法。

其實，孩子們都知道這是慈濟學校，要自我規範，雖然有時候還是會犯錯，在學校調皮搗蛋，可是當他們代表學校出去表演時，衣著都打理得很整齊。我的兩個孩子進入慈大附中就讀後，善念無形深植在他們心中，學校大環境要傳授的，他們都已銘記於心。

畢業感恩會 學子現真情

有一年，接近聖誕節的懿德日，我們舉辦慶祝活動，請所有爸爸集合在慈濟大學體育館，打扮成聖誕老公公，戴上眼罩再用棉花黏貼成鬍子，整張臉幾乎被矇起來，讓孩子去認自己家族的爸爸，再帶到班級去家聚。整個體育館都是聖誕老公公的裝扮，同樂的歡笑聲充滿整個館內。

另外，高中的孩子剛滿十八歲，我們協助學校幫孩子舉辦成年禮，幫孩子製作花冠，請校長主持加冠，加冠誓詞使用典雅紙張製作，讓孩子留存紀念，場面很溫馨。

有時孩子要從花蓮到臺中參加國術比賽，從花蓮出發到臺北已經快要中午了，我們做好餐盒，請慈誠爸爸送到月臺，讓他們在車上享用，到達臺中時，就可以馬上練操了；舞蹈老師蘇明珠安排公演，需要梳妝打理雜物，還有餐盒需求等；或是慈大籃球友誼賽等活動，得準備茶水、點心，學校有什麼活動需要協助，老師會聯絡我們，慈懿會都會陪伴出席。

當小孩即將畢業的時候，想要送他們一份有紀念性的，用金錢買不到的禮物。於是我請郭瑞珍老師設計一本手工書當樣品，並教我們製作。這本手工書記錄著孩子們三年來的點點滴滴，讓他們回憶無窮。

第二屆孩子畢業時，整班的慈懿會爸爸媽媽要請辭，對我說：「師姊，抱歉！我們班實在帶得不好……」他們覺得很受挫，孩子都不理會他們。結果，我們在畢業前舉辦感恩晚會，利用這個時段贈送手工書，再與孩子互動，此時孩子才說出他們心裡的感受，都哭得淅瀝嘩啦，一直黏著爸爸媽媽，不放他們走。

此時，爸爸、媽媽才體悟到，孩子不懂得表達，平常都冷冷的或者害羞不敢說出來，而誤以為他們沒有感受。彼此良善的互動見到成果，也給予爸爸、媽媽很大的鼓勵，最後全班懿德爸媽，持續帶到現在。如今的孩子們也懂得回饋，做一本手工書送給慈誠爸爸、懿德媽媽，有的寫卡片、送花，把爸媽和班上合影相片拿來做年曆，知道如何表達感恩之情。

用父母的愛 去愛別人小孩

記得有一位慈誠爸爸，因為懿德日與自己小孩的畢業典禮撞期，他與小孩商量是否要選擇參加懿德日。他的女兒，很乖巧地對他說：「爸爸，我們每天見面，你去參加那邊。」小孩的心意，讓他好感動，而這位慈誠爸爸選擇了大愛。

我對於慈懿會未來的展望，除了固定與孩子互動的懿德日之外，未來會增加對老師的關懷，因為老師除了備課外，還要面對這麼多的孩子，真的是太了不起了！我心中總是思忖著，下一步要如何做才是最好的，給予團隊及老師們更多的關懷及鼓勵，更以父母的愛，去疼惜每一位孩子。多年來，老師們也有明顯的成長，很多老師加入慈濟大家庭，成為慈誠、委員，更將慈濟理念融入教材，二〇一九二〇年更有十四位老師參加培訓。

二十年前，我誠惶誠恐地接下任務，幾次回精舍，都想向上人提出我不適合承擔，上人總會先和我談別的事；然後我又再提，這時候上人就說：「都不要說了，我們趕快把教育辦好。」之後，我就不敢再提了。

萬事起頭難，走過二十年歲月，困難的都已經過去了。現在學校校風建立完善，孩子也非常了解學校的校訓及慈濟人文；有的孩子離開高中，進入大學，也會加入學校的慈青社，知道小孩都遵循著慈濟道路走，讓我覺得很欣慰！

美食溫暖少年心

口述／楊梅汶
整理／王鳳娥

從二〇〇〇年慈大附中創校開始，楊梅汶就擔任學校的懿德媽媽。每逢學校慈懿日或慈懿值班日，一定親手烹調美味食物，溫暖孩子們的胃和心。目前楊梅汶在花蓮慈濟醫院總務事務組當宿舍管理員，工作之餘陪伴無數的孩子快樂學習、成長，近二十年寒暑如一日，「甘願做歡喜受，做就對了！」因為做慈濟是她感到最幸福的事。

做慈濟 是最幸福的事

一九五六年，我出生於彰化縣田中鎮。婚後，因為先生工作因緣，一九八四年全家從雲林搬來花蓮。我生有三子，同時也是另外兩個孩子的繼母，寬容無私的母愛，給了五個小男孩一個溫暖的家。

一九九〇年，在我三十四歲那年，先生因車禍意外往生了，而五個孩子中，最大的才十六歲，最小的九歲；為了扶養五個孩子，辛苦工作賺錢，曾做過清潔工和茶館、餐廳、素食店等工作，在家庭、工作兩頭燒的生活壓力下，我的心裡很苦。

有一天，向妹妹訴苦，她告訴我：「花蓮有慈濟，可去精舍走走……」我利用素食館午後兩點到四點的休息時間勤跑精舍。有次在知客室向德如師父傾訴自己的遭遇，德如師父對我說：「這一生會遇到這些，是過去生所做；這一生要好好做，來世才不會這麼辛苦。」德如師父並鼓勵我多參加慈濟活動，也建議可向慈濟醫院投履歷表找工作。

一九九五年十一月一日，我到花蓮慈濟醫院報到，先後在供膳組、總務事務組送公文和洗衣房工作。到職兩年後，因病人服等外包送洗，而改做宿舍管理員至今。自從在慈院上班後，利用假日募款，晚上到急診室當志工，也看盡生命的無常。一九九七年受證慈濟委員後，除了社區訪視個案，也曾到大陸貴州參加冬令發放，看到很多人間的苦難，深深覺得：「能做慈濟，是最幸福的人！」

二十年寒暑 如一日

二〇〇〇年，開始到慈大附中當懿德媽媽，雖然平時工作很忙碌，總會善用時間及事先排好假，不錯過每次陪伴慈大附中孩子快樂成長的機會。我很喜歡煮好吃食物，每次看孩子們吃得津津有味，孩子高興，我就高興，也很有成就感！

慈懿日或值班前一日還在上班，為了食物新鮮，半夜或清晨四點起來煮。最拿手的西米露、紅豆牛奶、綠豆薏仁、玉米濃湯、滷豆乾、茶葉蛋等，總讓人齒頰留香、懷念不已。我這一班的孩子會問：「媽媽，下個月要煮什麼？」我說：「你們想吃什麼，只要說出來就煮給你們吃喔！」視慈大附中孩子如同自己孩子或孫子般疼愛，給他們預訂喜愛的餐點，這也是我對孩子們表達「媽媽愛」的方式。

國一的孩子，一開始和懿德媽媽比較生疏，會保持距離，煮給他們吃，會誤以為是應該的。但經過愛的陪伴，漸漸地，孩子們知道懿德媽媽的用心，並懂得

楊梅汶師姊每次的活動都會為孩子準備美味的點心，讓孩子吃了之後元氣滿滿！（提供 / 楊梅汶）

感恩。常收到孩子給我的感恩卡，寫著：「媽媽每個月煮這麼好吃的點心，感謝媽媽！」

每學期學校舉行運動會，並且有義賣活動。為了體貼住外地的懿德媽媽不方便採買，我歡喜承擔起我們這班義賣食物的烹煮工作，其中有我最拿手的茶葉蛋。義賣的前幾天，利用上班前或下班後，採買八百顆雞蛋，從洗蛋、煮蛋、泡冷水、敲蛋殼裂痕、放紅茶及滷味包煮，過程繁雜又花時間，但我不以為苦。

煮茶葉蛋要一天開火煮三次，並連續煮兩、三天，滾了後，關火讓它浸泡入味，滷湯冷了要再煮；因此上班前、下班後各煮一次，半夜我再起來煮一次。這樣用心煮出來的茶葉蛋，每次義賣都賣光光。「梅汶媽的茶葉蛋真香、真好吃！」我聽了，再累也不累了，只有滿心的歡喜。

清潔打掃是宿舍管理員的工作專業。每次帶國中一年級時，會到學生宿舍關心孩子們，看到孩子衣服洗不乾淨變黃了，就教孩子們如何洗衣服，並示範如何清掃房間及浴廁，讓孩子學習好的生活習慣和自我管理。

我只有國小畢業，不會說大道理，但是會告訴孩子什麼是對的，什麼是不對的；教導他們要尊師重道、孝順父母及努力讀書。二十年了，陪伴無數的孩子快樂學習、成長，這是我最甘甜的回憶。

走入慈懿大家庭

口述／周朱枝
整理／林雪儒、葉文鶯

面對丈夫驟逝，心想丈夫一生事業平順，受惠於社會太多，周朱枝為了讓他在最後一刻對社會仍有貢獻，即使承受家族長輩強烈反對與責難，仍強忍悲傷地將丈夫的大體，捐給慈濟醫學院。因為這樣的因緣，周朱枝走進慈濟，走過喪夫之痛的憂鬱低潮期，二〇〇二年受證，進而參與慈懿會至今。回顧過往，周朱枝心中只有感恩，感恩丈夫成就了她的慈濟因緣。

順境中 無常悄然而至

一九五〇年，我出生於嘉義朴子；父親周雪峰在世時是有名的書畫雕刻家，一九四〇年代「臺灣美術展」得獎無數。父親晚年得女，因此我備受家人寵愛及至長大。一九七二年與楊健民結婚，先生給予我和孩子們一個無憂的環境，全家理所當然地享受幸福。

我遺傳了父親的嚴肅、不苟言笑，不擅言詞的我，可以一整天不開口說話，也喜歡窩在家裡，幾天不出家門亦無妨。先生從事進口音響、建築及日本HIROBO遙控直升機臺灣代理商，事業蒸蒸日上，生活更是無憂。我們重視三名子女的教育，先後將他們送往美國求學。

四十歲之後，日子依然在幸福中度過，但偶爾會覺得幸福像浮雲，一點都不踏實。有時也會渴望有人幫我指引解惑，剛好臺中姊姊寄來了《慈濟月刊》，月刊裡上人的開示，讓我浸潤在書海中感受到喜悅。但是一直沒有接觸慈濟人的因緣，直到先生往生捐大體時，才真正走進慈濟。

一股痛切的無常來臨

就在一九九六年盛夏，或許是工作過於勞累，一向身體健壯、熱愛戶外運動的先生，肝臟健康第一次亮起紅燈；十二月冬至時再次住院，病情急轉直下，在加護病房時，醫生告知要做心理準備。突然間想起半年多前，有一面之緣的蔡榮東師兄，說起自己父親捐贈大體給慈濟醫學院學生做研究。毫不猶豫我立刻拿起手機撥打一一五查號臺詢問花蓮慈濟醫學院」

在四十七歲以前，一直都在順境中享福，不曾思索什麼是「生命存在的價值與意義」，這議題對我來說，既嚴肅又遙遠，但是我終究還是得面對一股痛切的無常來臨！

先生肝病往生，我起了為他捐大體的念頭思索著五十歲的先生還很年輕，一生為人和善豁達，兢兢業業地就是給家人一分溫飽，對於行善的福田並沒有積極耕耘。那年公公還在，世俗認為讓白髮人送黑髮人是大不孝，沒有學佛也不懂佛法的我，單純地認為如果將先生的遺體捐給醫學生做研究，將來到閻羅王那裡報到時，可以將功贖罪，也算是給公公父親一個道歉！其過程自然承受許多家人的責難，但這是他最後一次遺愛人間的機會，因此我義無反顧地獨排眾議，做出捐大體的決定。

周朱枝師姊為畢業班學生製作手工書。（提供／周朱枝）

大體捐贈因緣 多了四個孩子

一九九七年十月在大體啟用典禮時，看著站在先生遺體旁邊的四位醫學生，大三的學生，年齡與我的孩子相仿，臉龐稚嫩，他們選擇醫科，就得要面對一具冷冰冰又陌生的遺體去做解剖，深度地認識人體的構造，這是何等艱難的一堂課啊？

很心疼他們，也明白孩子心裡的惶恐，所以決定和他們說說話，告訴他們，我的先生是一個非常溫暖的人，還有他最喜愛的遙控直升機，藉此去除他們內心的不安。

從此我彷彿多了四個孩子，那些年，每逢寒、暑假就會邀請他們到家裡作客，一直到現在，我們都還保持聯繫。而他們總說我像極了大學裡的懿德媽媽，先生成了我們和這羣孩子情感的凝聚點，而四個學生——蔡文欽、張芳綾、許峰銘、陳嘉彥也覺得像多了另一個家庭的關心。

每年清明節，我們都會相約在慈濟大學的大捨堂給先生上香。有一年的農曆新年，我邀他們到家裡吃團圓飯，照往例，發給他們一人一個紅包。那年已畢業的他們竟然包了紅包給我，心中充滿著感動，於是我破例收下他們四人合送的紅包，肯定他們長大自立了。

慈懿因緣十七年

因為先生大體捐贈的因緣，五年來參與慈濟活動，進而見習、培訓，二〇〇二年終於受證成為慈濟委員。這一年剛好是慈濟中、小學創校第三年，有了與醫學生多年互動的因緣，高雄資深師姊推薦我承擔懿德媽媽。

看到報名表上的抬頭「慈濟大學……」毫不思索立刻簽上姓名，心裡認定要陪伴的學生應該就是和自己孩子年齡相仿的大學生，直到接到通知仔細看才發現原來「慈濟大學」後面還有「附屬高級中學」六個大字。當下不敢相信要陪伴的是一群活潑好動的中學生，心中不免擔憂而產生抗拒，但很快就轉念接受「一切都是好因緣」，這一做就是十七年。

以前朋友都覺得我是一個不容易親近的人，在孩子們的眼裡也是很兇、很嚴格的媽媽，有時候一個不經意的眼神，孩子們都會以為他們哪裡又犯錯了，媽媽眼睛在瞪著他們看。自從成為慈濟人之後，我開始檢視自己，決定先從放低姿態學習謙卑開始，不斷提醒自己與人互動要微笑，平時聞法，就會把好的道理謹記在心，在生活中運用。

慈濟人文薰習 學習謙卑

其實一個人是否有改變，要從最不可能做到的地方體現。兒子到大陸發展，結識了大陸姑娘，交往兩年多。我問兒子：「她合適成為你的另一半嗎？」兒子覺得可以，我說：「那我們趕緊把她娶回家吧！」於是，當媽媽的積極幫他們辦妥一切結婚手續。兒子納悶地問我：「一個未曾謀面的女生要當妳的媳婦，難道媽媽不需要到大陸去認識她嗎？」我說：「媳婦是要跟你一輩子的，媽媽只是個過客，你覺得合適最重要。」

就這樣連面都沒見過的貴州姑娘，我們就把她娶回家了，即便是初期，因為文化背景的差異有一段辛苦的磨合期，幸好多年薰習證嚴上人的法，努力改變自己變得謙卑，處處設身處地為媳婦著想，現在我們婆媳之間關係親密，相處融洽。

自己投入慈濟，也帶著孩子做慈濟，因此也給孩子牽引來很好的因緣，輔導室主任徐振家是我的女婿，他是一位對學生十分用心的好老師。美國讀書回來的二女兒楊青穎，在一次人文交流營的因緣結識彼此，起初覺得自己苦心栽培的女兒應該要找一個長輩認為合適的對象，但是因緣將他們兩人緊緊地牽連在一起，我就歡喜接受和祝福。

在決定把女兒嫁給他時，特別對振家說：因為你是上人的好弟子，忠於上人的理念，所以才放心把女兒交給你。而這個女婿，不僅是個慈濟人，還把他的家人也都度進來做慈濟。振家是個謙沖有禮的君子，也是一位非常幽默的老師，帶國術隊總是把上人的理念融入其中，和學生之間也絕對謹守身為師長的分際，這是我最佩服的地方。

陪伴孩子闖出一片天

之前和四個慈大醫學生的互動，讓我在承擔懿德媽媽時更能理解他們，進班時會特別注意有狀況的孩子，給予他們陪伴與關懷。早期在懿德室值班時，孩子們會利用下課時間來找我們聊天、抒發心情，不管是在學習上或者住宿想家，都有一個傾訴的對象。在這些年中，發現在校成績表現不特別優異的孩子，後來的成就也很傲人，所以讀書也要有讀書命，孩子書讀不好，培養一技之長，孩子總會闖出自己的一片天。

雖然懿德媽媽和孩子們相處的時間很短暫，但是仍然會把握時間給予孩子更多的關懷。記憶深刻的是，曾經有一個孩子，在每次我們進班時，他總會搶著拿我的提袋放在他的座位旁，當我們要結束離開時，他都會說：「還有幾分鐘，媽媽不要那麼急。」有一年精舍路跑，回程的大巴上還特別幫我留了位置在他的座位旁，這些小小的舉動，看得出他們對於懿德媽媽的陪伴和付出是有感受的。

還有一位男孩，每次在懿德室值班時，總是要我們幫他買羊奶，問他為何一定要喝羊奶，他說：羊奶可以幫助他長高。多年後，我們在振家主任的家相遇，他已經是個大人了，而且還是留日的日本料理大廚。那天，他在主任的家裡，特別為大家準備了一餐豐盛而精緻的日式料理讓我們享用。

一直以來，先生是我們的一片天，一九九六年他往生時，心裡一直覺得是自己耽誤了他的治療，因此自責了很多年；走進慈濟後，體悟到生死是自然法則，自有定數，或許因為他的離開，讓我們全家生命有了轉彎，成就我們的成長，因為愛別離苦，讓我的人生嚐到了苦痛的滋味。

原本和樂的一家人，先生往生後，我們生活步調亂成一團，接管公司讓我精疲力盡，兩個女兒出國讀書，兒子入伍，獨自面對空寂的屋子，身邊只有一隻小狗相伴，喪夫之痛無從排解，身心都處在一個極不穩定的狀態當中，我感到呼吸困難，甚至沒有活下去的動力，原來我得了嚴重的憂鬱症。

先生的忌日和公公的生日是同一天，白天祭拜先生，晚上要參加公公的壽宴，觸景傷情常常情緒轉換不過來，所以內心總是逃避不想參加；直到培訓那年，因為做慈濟，生命有了方向，不知不覺地回歸正常。

我是永遠的懿德媽媽

現在回顧過去，心中只有感恩，感恩先生的照顧，感恩他成就了我的慈濟因緣。順境要有無常觀，逆境要有因緣觀，先生往生後，我才體悟福報是累世修來的，享福了福，自己忘記了這一世該做的功課，應該要打起精神來投入人羣付出。

慈大附中懿德歲月十七年時間，一路走來，現實生活與慈濟事，總難免有人與事的問題，有時也會有無力感，但是只要念頭一起，總會想起上人的靜思語「為自己找藉口的人，永遠都不會進步」，這句靜思語陪伴我走過許多歲月，也是我不斷自我鞭策的動力。

看著校園一屆又一屆的孩子們從稚嫩長成小大人的模樣，一聲聲地喊著：「懿德媽媽！」讓人特別感到溫暖，有人問我，為何能堅持這麼久的時間，還會繼續做下去。十七年始終如一的原因，就像當年受證委員一樣，就是對上人的承諾，要當終生的慈濟志工，懿德媽媽不能只做一屆、兩屆就算完成任務，這是一輩子的承諾；我告訴自己，我是永遠的懿德媽媽，所以我會堅持下去。

兩代慈大附中一樣情

口述／江麗秋、陳美英
整理／李志成、蔡翠容

在慈濟大學附屬中學校區附近的一棟建築物裡，透出柔黃的燈光，江麗秋、陳美英的頭髮都已花白，兩人正促膝長談往事，閒聊孩子。她們倆都是慈大附中的懿德媽媽，江麗秋的兒子江炳宏、陳美英的女兒黃文怡都是慈大附中的老師；更有緣的是，她們彼此還是親家！這種奇特的因緣，讓這兩位長者每次見面，就有聊不完的話題。

親上加親 更貼心

【江麗秋自述】

現在年代都快記不清楚了，那時候我承擔屏東活動組，邊做邊學習，辦很多營隊，像小孩子的學佛營、大人的教師營隊，還有人醫會營隊……很多營隊我都有機會參加，大家都會聯誼、也都認識，臺北的林智慧師姊就邀請我們來做懿德媽媽。

我和陳美英很有緣分，我的兒子江炳宏是她的女婿，她的女兒黃文怡是我的媳婦，我們又是同社區的資深合心團隊，關係更是親上加親。她特別喜歡聽我說「故事」，雖然我書讀得不多，但我會把握任何一個付出的機會，能承擔就做了。

一九九一年，慈濟屏東分會落成，那時候證嚴上人來，我做了十多年的會員，只在幕後幫我二嬸募款，沒有參加組織運作。聽到上人開示，屏東分會是第一個分會，已經有硬體在這邊了，需要菩薩大招生，邀約更多人加入，當天，我就向二嬸提起要皈依上人受證，七月就回花蓮受證。

炳宏從小就接觸慈濟，像我們屏東兒童精進班，第一屆他就進去上。那時候，雖然他有保送就讀屏東中學的機會，但我的心念一轉，品德比什麼都重要，既然慈濟有自己的學校了，他也願意來讀第一屆慈大附中，就把他送過來。我原本就承擔慈濟技術學院三屆二年制護專的懿德媽媽，我因為孩子炳宏就讀慈大附中，而轉任慈大附中第一屆國中部的懿德媽媽。

我邀約引薦陳美英師姊也來慈大附中擔任懿德媽媽，讓她得以與年輕學子互動，心態也變年輕了。我們兩人一起在慈懿會中陪伴孩子近十年，彼此默契十足，二〇一九年，我因為家中需要，無法再承擔，美英師姊也覺得些許不捨；但我們兩人仍善用相聚時光，彼此分享。

一個健全的人只有一個頭腦、兩隻手、兩隻腳；就像上人告訴我們的，天下的米籮沒辦法一個人承擔，天下事也不是一個人做得完的，有時候就是該學放下，如果一直執著，這個沒做到，那個也沒做到，那就是法沒入心。光做事法沒入心，也是很遺憾。

我和美英師姊對慈大附中莘莘學子的期望就是：「希望孩子們將來可以跟上人的腳步走，我們要給孩子正能量，正面的思維，做一個能夠幫助人的人，希望他們能走這一條正道。」

江麗秋師姊（左一。提供/江麗秋）

慈懿情 老師心

【陳美英自述】

我從屏東縣新園國中退休，曾為人師表，特別明白女兒及女婿的辛苦。炳宏帶的慈大附中高中導師班學生已經畢業了，現在換文怡擔任國中班導師。雖然炳宏沒做導師了，可是接數學領召，他們兩人還是一樣忙。

天下父母心，為人父母總是為孩子著想，對孩子們無怨無悔付出。我很感恩江麗秋師姊從小對我女婿炳宏的教育，就是講道理給他聽。我聽江麗秋說，有人說炳宏是臺大數學系畢業，書讀得這麼好，以他的程度，可以去國立學校教書；可是他不要啊！因為是媽媽把他帶來慈大附中，他也認同學校的教學理念，所以他要留在這裡。

我的女兒文怡也很上進，沒有離開慈大附中到高雄師範大學讀碩士，就近在慈濟大學讀碩士還能繼續教書，這也是對啦！

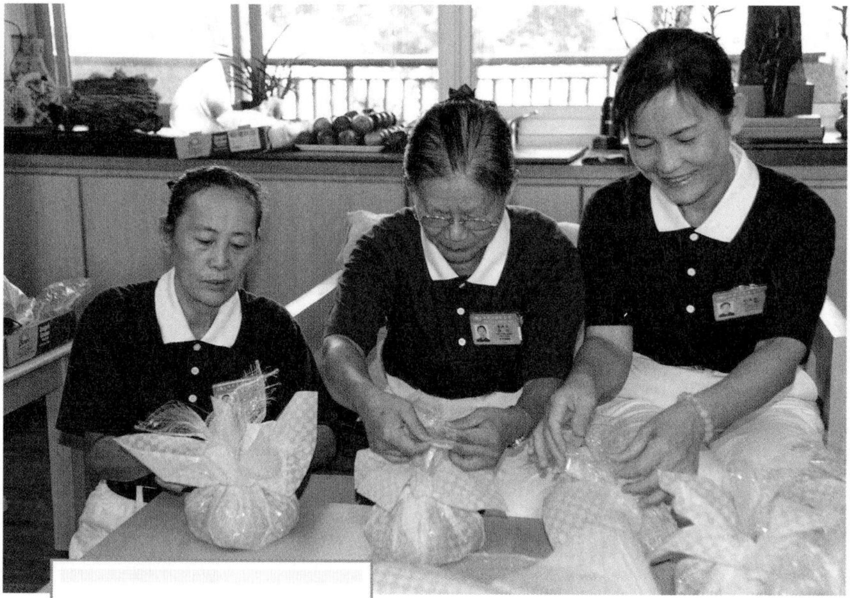

陳美英師姊（中）為慈懿會一年一度舉辦的敬師謝師感恩茶會做前置準備。（提供 / 吳麗花）

我和江麗秋師姊十多年來，很有默契地互相補位，無怨無悔當兒女的後盾，幫他們顧家；一路走來，除了為子孫的小愛，也為慈大附中的學子們，奉獻大愛，一屆一屆關照著。支持與後援，讓兒女在學校能無後顧之憂，盡心盡力奉獻，為培育良才努力不懈，就是兒女給我們最大的回饋。

繞一圈 還是回到家

口述／陳靜滿
整理／邱蘭嵐

二〇〇五年，陳靜滿從臺南送兩個孩子蘇柏嘉、蘇柏瑋，到花蓮慈大附中就讀，孩子在學期間，受惠於慈懿會和學校師長照顧，於是陳靜滿投入志工行列，二〇〇七年受證慈濟委員；隔年孩子畢業後，加入慈懿會，成為懿德媽媽。六年後，因大兒子柏嘉到非洲莫三比克工作的因緣，陳靜滿放下三十年職場生涯，飛往非洲，後再到泰北教授中文。二〇一九年，落葉歸根返回臺灣後立即再度投入返回慈大附中承擔懿德媽媽行列。

愛屋及烏 隨車陪伴

手機螢幕跳出幾個大字：「媽媽，妳不知道，我快死了……」還沒看完，淚水潸然落下；我強忍悲痛看完訊息，走到佛堂無助哭泣；柏嘉在莫三比克的貝拉市罹患瘧疾，而我在泰北，插翅也飛不過去；那夜的凌晨一點半，揪心之痛凌遲著我的身心……

我與先生蘇進富婚後，有規劃地實行「三三二一」生子計畫，婚後第三年生第一胎，隔三年再生第二胎，兩個恰恰好，一個不嫌少，因此對柏嘉和柏瑋的教育格外重視。柏嘉是一九九〇年生，七個月大時，就時常安排家庭戶外活動，幫他們存旅費，培養開闊的視野；上了國小、國中後，讓他們參加慈濟臺南分會舉辦的兒童精進班、慈少班，陶養品德教育。

柏嘉從小就很優秀，國中畢業會考PR（percentile rank的縮寫；百分等級）值九十九，原本要到臺中就讀全額獎學金免學費的高中，但有位志工推薦，讓孩子到花蓮慈大附中就讀。二〇〇五年寒假第一天，一家四口到花蓮慈大附中參觀，第二天再到臺中學校了解，柏嘉的選擇是慈大附中，我與先生蘇進富也尊重他的決定。

那時，弟弟柏瑋也要升國中，為了讓兄弟接受一樣的學術風格，且在住校期間能相互照應，很希望柏瑋可以考上慈大附中國中部，卻又擔心他的口試與筆試是否能通過，結果盡如人意。

陳靜滿師姊（左一。提供/慈大附中人文室）

慈大附中有著其他學校沒有的特色，那就是「慈懿會」。孩子住校期間，有慈誠爸爸和懿德媽媽，幫忙家長關懷與照顧孩子。有一天孝親日返家，柏嘉對我說：「媽媽，火車回去好像都沒有志工，只有我們小孩。」

我自己很清楚，不是把孩子送到學校就不用管了，家長有責任了解孩子就學情形，不能等到孩子有問題，再到學校處理，所以二〇〇六年自願承擔家長會的孝親日回程隨車志工，並留校服務幾日。且在孩子就讀期間，為方便班上家長來校陪讀，我在花蓮租房兩年，免費提供給排班家長住宿。

要當隨車志工，得先認識孩子。透過校方提供的資料，第一次見面前，我把所有孩子的姓名、長相都牢記，當成自己的孩子在照顧。柏嘉看我這麼忙，還體貼地對我說：「媽媽，妳不要這麼辛苦地跑來，我去。」我笑笑回答他：「我是代替別人的爸爸媽媽，去看他們的兒女，又不是去看你。」

柏嘉的功課從不讓我操心，卻在高三上學期打電話對我說，手會抖，只得放棄推甄慈大醫學系的目標；這時，忽然一個念頭閃過，莫非是在懷孕期間，胎位不正做矯正運動，孩子出生後，胸腔卻略微不平整所造成的……

我高中就讀家政科、二專讀園藝系，沒想到柏嘉考上國立臺灣大學園藝暨景觀學系，反倒是同年畢業的柏瑋，高中選擇到臺中就讀。我對孩子只有祝福，決定換個身分，以慈濟委員之姿加入慈懿會，抱著全然感恩及回饋的心情，感謝他們對孩子的好。

趁著北上看柏瑋時，對他說：「我要把對你的愛分給別人，我要去當懿德媽媽，就沒有辦法常來看你。」他懂事地說：「媽媽，妳趕快去！我從十二歲，就開始照顧自己了。」眼前這位樂於分享的大男孩，早已不是聯絡簿上，被標註入學連哭五天的小兒子了。有趣的是，我帶的班級就是感恩班，與柏瑋入學班級同名，其中有位孩子又與柏瑋同名。

北迴之愛 善根深植

每逢懿德日到花蓮慈大附中當懿德媽媽，我都當作是我的精進日，也是向全球志工學習的動力，要做就要做到最好。我把工作年假都給我的懿德孩子們，常在慈懿日前一天，大中午帶著手作點心，走過長長的農田，從臺南隆田搭乘兩點二十六分的莒光號到校，積極與孩子互動，盡可能把每件事都做全面考量，主動聯繫。每次陪讀、考試前，班上每位孩子都會收到我手寫的祝福卡。有位與我有長達十年情誼的家長黃貞瑜對我說：「做的要比想的還多，十年後，比十年前，改變的只有更積極。」

會這麼積極，是因為教育真的太重要，而我也相信，只要有善的種子，隨時能發芽。二〇〇九年的莫拉克風災，柏瑋拿著竹筒在班級裡募得一萬多元的善款；遇到有人說，慈濟委員制服要花一百萬，他會義正詞嚴地說：「誰說的？我媽就沒有。」孩子有了正知正見，就能輕鬆明辨是非，廣結好緣。

柏瑋畢業之後順利就讀臺大森林環境暨資源學系，和柏嘉一樣，會安排寒暑假到國外做志工，或參加文化交流團，這時，從小幫他們存的旅費全派上用場。有次柏瑋暑假要到菲律賓，正值當地戰亂，學校要他們去之前，得簽下切結書；還好，到了當地，有柏瑋當年在慈大附中的懿德媽媽楊碧芬接機，且安排一行人到家中住宿，法親之緣並未因畢業而結束，一日為懿德媽媽、終身為媽媽。

念轉行移 從非飛泰

時光荏苒，柏嘉大學畢業，兩棲蛙人部隊退伍，經人介紹，滿懷熱忱與學習的態度，到全然陌生的莫三比克管理農場；二〇一六年春節期間，我和先生及柏嘉的懿德媽媽吳麗花，到非洲看柏嘉。發現當地教育水準普遍較低，每年三月又會發生水災，當地居民很需要幫忙，而我身邊又有很多無常示現，一個念頭悄悄浮上心頭……

柏瑋在二〇一六年六月退伍前，我花一個下午時間思慮，毅然地辭去與先生一起工作三十年的臺灣菸酒公司，也把服務六年的懿德媽媽身分卸下，跟著柏嘉去非洲揮灑愛心。始料未及的是，當地依親簽證太難辦了，到當地一轉眼就快兩個月了，如果回臺灣再來，機票費用高還不打緊，萬一簽證辦不下來呢！

「媽媽，妳要不要去泰北？」柏嘉大學期間，曾兩次到泰北教學，得知當地孩童很需要援助。

「好，那就這麼辦！」隻身到清邁轉機泰北，雖然語言不通，但我也無所懼，對中文學校校長說：「請給我一位助教，我就可以教好他們。」校長同意，讓我帶幼兒班；幼兒班指的是沒學過中文的孩童，晚上上課，因為白天要上泰文學校。

不過，當地社會資源真的太缺乏了，人民貧窮，學校資源也少得可憐，除了課程得自行設計外，材料都要老師自付，就連一包色紙都買不到，得從臺灣買；還好我需求不多，一個月只要三千泰銖的生活費就夠了，還把得到的硬體書法獎、作文比賽及優良教師獎金全數捐出。

為了幫助這些學童，我徹底實踐慈大附中精神，上課要求嚴格，下課透過以前在慈大附中家訪的經驗，請助教騎摩托車載我，帶著伴手禮，八週內拜訪六十四戶家庭，了解孩童的學習環境，提供有效幫助。但是有的學童知道我要去她家，故意跑給我追……等到實際家訪後，目睹家徒四壁的慘狀，又發現大部分家長都在外地工作，把孩子交由祖父母隔代管教。

有個學童的爸爸吸毒被關、媽媽走了，跟著舅舅一家人住，累了睡地上，難怪缺愛的他，一生氣就緊握拳頭。沒關係！缺愛給愛，與教育並施，一樣都不能少。

透過家訪，得知有三位懷孕約七個月的家長，我請班上孩子將零錢投入竹筒，用集資的方式，幫嬰兒採買用品。同時帶著班上學童，到他們的家唱歌送祝福，分享愛與關懷，感情有如真正的一家人。

難行能行 有愛最美

面對大環境的考驗，我不得不將生活重心從慈大附中學生身上轉移。泰北所到的學校，是慈濟於一九九五年三月，在泰北援建的大愛村清萊滿嘎拉裡的廣華中文學校。該校是一九八九年，雲南反共救國軍官兵及其後代，在當地成立克難教室，並以當時僑委會委員長曾廣順之名命名。我在這裡同樣是教幼兒班，所以能快速上手。

隨後，約有一年多，我忙得沒時間與朋友聯絡，卻傳出「拋夫棄子」的風聲。外人不知道，就算柏嘉在非洲、柏瑋在柬埔寨，我在泰北、先生在臺灣，彼此隔著千山萬里，永遠都是會相互依靠。先生是我和孩子最大的支柱，以行動護持大愛，在堅守工作崗位之餘，安排假期飛來與我會合，他對孩子的愛不下於我。

沒想到二〇一七年三月十五日晚上，回到宿舍，看到柏嘉LINE的訊息：「媽媽，妳不知道，我快死了……」才知道柏嘉得到瘧疾，在莫三比克的貝拉城發病，之前買血液檢測劑，卻驗錯結果。幾個工人看他狀況不對，趕緊勸他去醫院看病。他撐著寒風冷冽刺骨的身子，一個人開車到醫院就診。

雖然兒子最後傳來病癒的平安訊息，但此事卻撕開為母則強的外相，嚴重撞擊內心深部柔軟處。我不是無敵鐵金鋼，也不是會把愛掛在嘴邊的母親，但我懂得兒子的體貼與懂事。經過病魔考驗，孩子仍願意留下，做母親的除了支持，就是讓自己變得更強。

彈指間，已在泰北待了近三年。二〇一九年，當我下定決心回臺灣的時候，嚇壞泰北當地校長、學生與家長們，紛紛急著追問原因，我笑著承諾：「我一定會再回來，也早早就跟先生訂好來這裡過年的機票。」

四月才回到臺灣，腳步走得急又快，我馬上就回兒子以前念書的小學做志工，慈濟活動也不停歇。八月十五日也接到訊息，已順利申請上臺南應用大學，二技進修部幼兒保育系。這時，慈大附中慈懿會吳芳誼問我：「妳真的不回慈懿會嗎？現在的孩子真的很難帶！」

我回她說：「難帶妳還要我回去？」「就是難帶，妳才要回來。」衝著這句話，也相信沒有難帶的孩子，只怕沒有愛心的爸媽。當晚與慈懿會副總幹事謝淑惠聯絡，填好申請書，準備回到久違的慈大附中：「慈大附中慈懿會，我回家了！」此時的心境，一如清朝鄭燮所著的《題竹石畫》：「咬定青山不放鬆，立根原在破巖中。千磨萬擊還堅勁，任爾東西南北風。」

被兒子設計來當懿德媽媽

口述／曾美琴
整理／凌涵沛

曾美琴，一九五九年出生在臺南貧苦的農家。幼年時期，父親為人做保賠了很多錢，讓原本就捉襟見肘的家境陷入絕境。一生命運多舛的她，卻因為投入慈濟環保志工，改變了人生。後來，又在慈大附中教書的兒子江豐錫的邀約下，加入懿德媽媽的行列，開始享受這段讓她最歡喜的人生。

家庭事 煩惱事

我在家排行老二，要念國中時因無法繳學雜費，父母不讓我繼續升學，在家哭了五天，最後決定休學一年去打工；每天清晨出門，幫別人家下田，到晚上九點才回家，賺取一點點錢，存起來準備第二年讀書。

好不容易可以念國中了，但卻沒多餘的錢繳蒸飯費，只好每天帶著只有地瓜與豬油的飯盒，上課就偷偷地一點、一點地吃到中午。好羨慕同學們有雞腿、魚肉等豐富美味的便當，卻有同學吃膩了大魚大肉，來和我交換便當，如天上掉下來的禮物般，讓我飽餐一頓！

為了讓弟妹上學，我自國中畢業後即開始賺錢，幫助弟妹完成學業，並讓家中唯一的男孩——我的弟弟念到大學畢業。一九八二年，當遇到江樹根，以為找到長期飯票了，卻是跳入另一個火坑。夫家以做金飾代工為業，有很多的訂單，生意很好。那時我還在上班，下班回家後得幫忙燒金子，常常將自己燙傷，也只能忍著。

先生以前愛喝酒，卻不知節制，在外應酬一定喝到醉才回家，我則成了他發酒瘋辱罵的對象。婆婆瞧不起窮人家出身的我，盡其所能地羞辱我，先生還會在一旁火上加油。媽媽知道我苦，也只能勸我要忍耐，畢竟是我自己選的婚姻。

當時，我只有認命，心想：「你們就盡量地罵吧！我要趕快把這身債還一還，早些結束這段孽緣。」我將自己想成是一個水泥工，除了將水泥抹平，還要粉光，就如鑽石般磨光它：一切的一切都忍著吧！」侍候公婆二十多年，在婆婆長期生病期間，在家裡到處大小便，我也只能默默清理，每天屋子裡聞到的不是惡臭味，就是花露水的香味。

環保志業 翻轉命運

一九八七年，因工作地緣，透過士林區慈濟委員繳功德款，一年後回歸板橋區與慈濟委員吳碧桃接觸。當她來收功德款時，每次看到我都無精打采的樣子，不免關心地問：「妳好不好？」我則像衝破堤防的水壩，將心中的委屈與苦全傾瀉出來，她讓我有了宣洩的出口。

因平日看大愛臺，知道環保對地球及人類的重要性。二〇〇四年，在公婆相繼離世後，主動向碧桃說我要做環保。我們家就在傳統菜市場裡，垃圾資源非常多，與菜販們又很熟，所以我就在中午收攤前，去收攤販不用的塑膠袋，再跟著環保回收車，送到回收場整理。

曾美琴師姊（左二）說做懿德媽媽這角色做得最歡喜。（提供 / 慈大附中人文室）

塑膠袋的分類項目繁複，我必須先用心學習，並學會用手去觸摸它的質感，分辨出它屬於的類別。在做的過程中，愈來愈有歡喜心，每天一直做、一直做，都不想回家，因為在這裡找到心靈的寄託。我對手工藝很有興趣，就將水果的套袋，及水果盒內覆蓋在水果上面的紅色塑膠都收回家，創造各種不同的花飾，代替鮮花，省錢又環保，也是善用資源。

當自己因做環保漸漸走出陰霾生活，感覺生命有了希望與動力，就發願：「請佛陀將老公度進來做環保。」剛開始邀先生時，他還會不停地罵「三專」（三字經）、「五專」，碧桃說：「妳皮在癢呀！每天罵妳還講。」我就回說：「千句萬句都罵了，還差這一句嗎？」

夫妻雙培　愛在慈濟

二〇〇六年，也許因緣到了，有一天，去做環保回收的路上，不小心被機車撞斷了腳。我就哀求老公替我去做環保，並說：「答應人家不能食言，如果不幫忙我去，那我自己一定得去。」他氣著說：「妳這樣出去幹嘛！」結果這一去就回不了頭了，從此老公「鳩佔鵲巢」，不還給我那一區塊的工作，還說：「妳自己另找工作吧！」

以前他給人的感覺，臉臭臭的，沒好臉色。自從走進環保後，人變得溫文有禮，鄰居都被嚇到，當然，夫妻的感情也比過去增進不少。看到先生很積極，很認真做環保，我就替他報名慈誠，但他的菸癮很大，在做環保時不敢抽，回到家就猛抽。

我在家看大愛臺時，一面抄經、一面聽，不准先生轉臺。他很佩服我可以手抄經、心在看，還可以說給他聽。在只能看大愛臺節目的薰陶下，慢慢地他將菸戒掉，壞習氣都改掉。二〇一〇年，我們一起培訓，真正做個慈濟人。我們之間的話題變多了，夫妻關係愈來愈好，在慈濟找回了原來心地純正又善良的他，我也找到發自內心真正的笑容。

二〇一三年，拍攝大愛臺《草根菩提》節目時，先生對我說：「下輩子還要娶妳！」事後，我卻笑著對他說：「下輩子我們做師兄、師姊啦！」因為我體悟到法親才是可以長長久久的一家人，法親之間能彼此勉勵、彼此感恩，日日增長慧命，生生世世菩薩心，一心一志護眾生。

先生自從與慈濟接軌後，非常精進，讓我感覺到，他做了十年比別人做了二十年還要多。二〇一二年他得了大腸癌、肝癌，相繼開刀七次，化療及電療五十多次，都像沒病似的，一樣出勤務。

我陪他去醫院治療，我們說是去共修；打點滴叫三昧法水，電療是佛光普照，把凡人不想面對的，都將它佛法化、生活化。先生生病這四年間，他仍去了四趟花蓮靜思精舍做護法（勤務），把握住生命最後的付出，也為自己這一生劃下完美的句點。

地科老師 全職的愛

二〇一五年，他帶著歡喜心離世了。我雖然很不捨，但看到他在生命結束前，點亮了一條菩薩道，相信來世我們會結好因緣，我也收起悲傷，繼續走下去……。

在先生生病這四年裡，兒子江豐錫來去匆匆，都無法回家多陪父親，我一度很不能諒解。後來才知道，他是花蓮慈大附中唯一的地理科學老師，不但得擔任導師，還要教授全校學生地球科學、培訓天文社學生，辦理花蓮地區的社區、老師及學生的天文營，並每年帶領學生參加高中科展。二〇一八年作品「簡易氣象站」得到優等獎。

平日在教學與照顧學生上，兒子投入了所有的時間，但他又擔心遠在板橋獨守空屋的我，所以在他百般勸誘下，鼓勵我去慈大附中當懿德媽媽，母子也可相聚。為了安兒子的心，我在學校對面購置一棟房子，從此板橋、花蓮兩地跑。

他每天從早上七點，一直忙到晚上十一點，才回到我們花蓮的家；回來後還要處理很多事情……如果我在，他一定會到房間向我道聲晚安，但此時我也許睡著了。母子說話的時間，真的是微乎其微。

從小豐錫就很節儉，很喜歡小孩，國中時就發願要去偏鄉教書。師大研究所畢業後，如願考上慈大附中教職，全心投入在教書及學生人文教育上。「愛孩子愛到不行！」我常如此說他，其實是萬般的心疼，我只有在背後全力支持他，至少讓他不要擔心母親，所以我會警惕自己，一定要將身體顧好，才能照顧到身邊的大小孩，及一堆的小朋友！

懿德媽媽 愛的擁抱

每月中旬去當懿德媽媽和學生聚會，已經多年。從國中一年級帶到三年級的學生終於畢業了，在這三年裡，有了深厚的感情，臨別依依，我警告他們不可以哭，反而是我第一個哭，我要他們把電話都寫下來，並對他們說：「你們別想畢了業，逃出我的手掌心喔！」

回憶起這三年的相聚時光，恍如昨日。從學生新生報到開始，教他們梳頭、洗衣服，及生活上的打點；在教室裡，教導孩子言行舉止及靜思語。面對孩子們個性的不同，甚至有些叛逆的，我們做「媽媽」的必須先傾聽，承受他的情緒後再溝通，但需要耐心及時間的輔導。

每次去花蓮看他們，一定是帶著滿滿的零食或點心，讓遠離家庭的孩子，有被關懷與愛的感覺，所以他們都好喜歡在星期日下午，可以出校園時來我家裡玩。我對他們付出所有的愛，從他們身上得到更貼心的回報，有了孩子的陪伴，我不再孤單。我們從不看報紙，只看隨時報(抱)，愛的抱抱給我們彼此很大的力量，生命中有了彼此的足跡，是甜蜜的！

自覺這一生命運多舛，但走入慈濟後，學會甘願做、歡喜受，在我身上驗證到原來「認命就是好命」，做得輕安自在、無怨無悔，尤其懿德媽媽這個角色，做得最歡喜。

「我是被騙來的！」每當別人問我，為何想當懿德媽媽，我都是如此笑著回答；因為被騙是心甘情願的，而在這「被騙」兩個字中，我卻得到無法言喻的歡喜回饋。

靜思語改變人生

口述／沈芳吉
整理／王鳳娥

沈芳吉在花蓮慈濟醫院工作至今三十二年，從一位小護士做到護理長、護理部督導，二〇一六年轉任總務室主任，一路走來，「甘願做，歡喜受」、「有願就有力」這兩句靜思語，讓她一生受用無窮。在工作上遇到困難或心情低落時，靜思語給了她正向的能量，也在「力行」後，改變自己的人生；因此，在陪伴慈大附中懿德孩子時，也最喜歡和孩子們分享靜思語。

從「不樂」變成「慈樂」

我在高中聯考失利後選擇念護校，從苗栗縣仁德護理學校畢業，在外工作三年半後，一九八七年三月九日，到花蓮慈濟醫院擔任護士。我的脾氣個性不好，常常得罪人，做事愛抱怨，看什麼都不順眼，是一個會罵人，找人吵架的護理人員，工作很不順利。

十年後，已結婚生子，發現學經歷不足，再進入學校就讀，從慈濟護專、慈濟技術學院二專、慈濟大學護理系研究所，到五十歲研究所畢業。很感恩慈濟教育志業，讓我能一邊工作一邊進修，真正體會到慈濟人文教育之美。

有一天，我在急診室值小夜班，在一陣兵荒馬亂過後的深夜裡，急診留觀的患者都已處置妥當、暫時也沒有新增病人。我獨自坐在一旁，在這安靜的夜晚，難得可以忙裡偷閒，或許因為周遭環境的寧靜，平日對掛在牆上的靜思語都視而不見，那晚「甘願做，歡喜受」這六字卻突然放大到極致，如醍醐灌頂般重重打在心上，執著僵硬的大腦突然地開竅。我領悟到每天上班快快樂樂是一天，不開心也是過一天。我反覆思考為什麼其他同事彼此間可以相處融洽，我卻和大家格格不入，所以隔天我決定跨出自己心中的那道牆，開始學習嘴角露出微笑，主動與同事問好。奇蹟發生了，我發現原來同事們其實都很友善，原來當自己的心念一轉，心開福就來。

因為喜歡慈濟，二〇〇六年受證慈濟委員，證嚴上人給的法號是「慈樂」，更能體會法號的真諦，一直到現在都樂在工作與生活中。

在當護理部督導時帶的實習生很多都是慈濟大學和慈濟科技大學護理科系學生，加上從八十四年(當年我三十一歲)就讀慈濟護專至今五十五歲還在慈濟醫院工作，不論自己的求學、就職與後來二個孩子就讀慈大附中，都有慈誠懿德爸媽一路陪伴與關心，讓我在家庭、生活、工作、孩子的管教……等等多了好多爸媽讓我依靠，為我解決很多難題，印象深刻是有一年我進行頸椎手術，因為先生上班無法在家照顧我，每隔兩天懿德媽媽就會到家裡來關心、協助我，猶如自己的媽媽一般，撫平了我心中的無助與苦悶，讓我盡快地恢復體力回到工作崗位。

原本想加入慈科大的「慈懿會」，但因緣不具足，始終未能成行。我的兩個小孩從幼稚園開始，就接受慈濟的教育。孩子接受慈濟人文洗禮，很明顯表現出與其他孩子不同的氣質；孩子會幫助人，會想做善事，會為別人著想，慈濟的品德教育深深影響臺灣的下一代。兩個孩子讀慈大附中時，也受到懿德媽媽的照顧。因為我多年的願力，二〇一六年終於在慈大附中圓了想當「懿德媽媽」的

沈芳吉師姊（右）在醫院工作，每天滿滿的行程，但是每月的慈懿日一定會請年休假到學校，讓離家住校的學子能感受到家庭的溫暖與陪伴。（提供／沈芳吉）

願，持續至今。

好好陪伴 孩子長大

在繁忙的工作和家庭中，有人曾疑惑問我：「吉姊這麼忙，還能當志工？」我把年休假和假日時間拿來做志工，除了做醫院志工、懿德媽媽之外，也在外當義警，到秀林鄉原住民部落，關懷幼兒園孩子。「做不同的工作就是休息，再忙我也會去做。」

第一天當懿德媽媽時，看到那麼多同年齡的孩子，尤其國一孩子很活潑又頑皮；有次陪伴一位很有個性的孩子，他不和大家一起合照，剛開始也不知如何與他互動，後來覺得小孩會長大，就在他旁邊靜靜陪伴，久而久之，孩子就慢慢與我親近了。不管孩子表現如何，哪怕就坐在孩子身邊，靜靜陪著就好了。

當懿德媽媽快三年了，覺得最大的收穫是，一開始小孩子是排擠妳，之後，孩子會抱住妳叫「媽媽！」那種歡喜和感恩是無法形容的。和孩子互動過程中，學會同理孩子的語言和想法，也因此改善和自己孩子的親子關係。

在慈濟醫院，有好多的慈濟阿爸、阿母，醫院像溫暖的大家庭；因此，我要努力做好慈大附中孩子心中的阿母，好好陪伴他們長大！

慈懿會 愛的傳承

口述／李尊浩
整理／鄭淑真

李尊浩是慈大附中國中部第一屆的學生，在慈大附中接受慈懿會爸爸、媽媽付出的愛，畢業後於二〇一三年受證慈誠。現在任職大愛感恩科技，工作之餘，想把所得到的愛回饋，再傳承給之後的慈大附中孩子們。

感念師恩 慈懿父母愛

我是慈大附中第一屆學生，因為爺爺李宗吉，父母李鼎銘、洪若岑都是慈濟人，很認同證嚴上人的教育理念，也認同慈大附中的教學方式，所以在國小畢業以後，父母就把我送到慈大附中就讀。基本上，同學畢業後都會進入同樣的學校，所以我剛從臺北來到花蓮進入慈大附中就讀時，一開始有一點不適應，因為離開熟悉的環境和同學；後來發現，慈大附中的環境及空氣都非常好。

我們是慈大附中第一屆，校舍尚未完工前，校區暫時使用在現在的慈濟大學人文社會學院，環境比一般的學校大，無論是在教學設備、師資上，都非常好。學校每位老師給我的印象及影響都非常深刻，像美術老師唐自常主任、地理老師洪振斌，還有很多位老師仍在慈大附中教書。

美術老師唐自常也擔任總務主任，他在二〇一九年退休了，但還是在學校幫忙。他在二〇〇九年曾榮獲花蓮縣特殊優秀教師，他還負責慈大附中創校的環境規劃，及設計學生制服。唐主任一向認為教學環境與建築是環環相扣的，教學環境好，可以用藝術教育來涵養學生品德。學藝術的小孩，不容易變壞，有人文氣質。唐老師平常的教導及待人處事，可以作為我們很好的模範。

另外，洪振斌老師是當時即已在學校任教地理教得非常好，而且他上課的方式非常幽默，會以講故事方式來教我們認識地理特色。他的教學方式很特別，我喜歡上他的課，是一位很認真又風趣的老師。

慈懿會的爸爸、媽媽，非常照顧我們，常在活動中陪伴我們，陪我們聊天。我們每次離開家都要好一陣子，才能回到自己的家，在學校有慈懿會的爸爸、媽媽的陪伴，感覺多一分父愛和母愛，很親切！

傳承慈懿愛綿延

「做慈濟就對了！」是爺爺李宗吉，二〇〇二年對著我們家族成員，留下的最後叮嚀，當時我在海外求學，來不及在跟前親自領受；但也看到上人救世的心，得無量人心，很佩服、感動，便主動向父母提起參加慈誠培訓，二〇一三年受證。

後來，我會加入慈大附中懿德會，是因為母親洪若岑向我提到，慈懿會人數比較不夠，問我有沒有意願？那時候覺得，只要時間許可，我願意承擔；因為我在慈大附中的時候，接受到慈誠爸爸、懿德媽媽為我付出的愛，現在有機會及時間，希望把我所得到的，再回饋給孩子們。

因為我與孩子年紀比較相近，對於孩子的一些想法，比較能夠與他們溝通。

李尊浩師兄（右三）與慈懿會爸媽利用假日一起到學生家中關懷訪問。
（提供 / 李尊浩）

但是在和他們互動中，還是會碰到困難。很感恩的是，我承擔班級裡的爸爸媽媽，有從第二屆做到現在都十幾年了，所以他們有豐富經驗，我若碰到困難，都會向他們請益，尋找最適合的解決方式。

其實慈大附中的孩子都非常地優秀，無論是講話談吐，或對人的態度方面，或是孩子與爸爸、媽媽對話的語氣，及回應方式都很得體。學校師長的身教與教導，他們都有認真地學習。懿德日當天，我們會帶食物與孩子分享，會後他們也會主動做回收分類，對人或做事的態度都很成熟，感受到慈大附中人文教育的成功。

欣賞孩子 課業外的優點

我帶孩子的過程中，覺得父母都在關心孩子的學業。我個人則比較好奇，孩子都在玩什麼遊戲、打什麼球？希望提供不一樣的資訊及娛樂，以比較輕鬆的話題互動，到學期末我才會問他們成績。

我帶的那一班，在成績上不是那麼頂尖，但是我對他們很有信心。慈大附中的孩子真的很優秀，在每一位孩子身上，都有很多屬於他們不同的優點。

有一位高一男孩，非常文靜，得知他參加校外的舞蹈比賽得過獎，我們請他表演。看過他的影片，也看他本人表演，覺得他舞蹈身段，肢體表演動作，非常地成熟、柔美，可以感受到他投入舞蹈的熱情，讓我非常訝異！

還有一位孩子，他比較不喜歡念書，但是有其他的強項，他參加書法比賽，還得到獎。他們家是做木頭手工藝品，所以他對這一方面很有興趣。慈大附中注重人文教育，教學方式比較溫和，愛的教育能讓我們更具同理心去對待人事物，教導人與人之間互相尊重，友善人際關係。

另外，慈大附中是素食環境，我認為會讓孩子情緒比較穩定，也讓孩子從中領會，如何環保愛地球。

師長學生 互相學習成長

在與孩子們互動中，他們會談到以後想要上什麼學校，要做什麼工作之類的議題。有的孩子想要當機師或修飛機，剛好我有朋友從事修飛機的工作，這部分可以給他建議，要如何才可以達到他的夢想。比如機師，一般都要到國外學習，但費用比較貴。在臺灣，就要透過考試才能進航空公司，才有機會當機師，或是修機師。當然我也告訴孩子們，語言能力要夠強，學習才不會有困難。

我們是孩子學習的對象，潛移默化下，品性或習慣受到影響。孩子在他們畢業之前，也會向慈懿爸爸、媽媽道感恩，感恩慈懿爸爸、媽媽，每月來陪伴他們，關心他們課業及人際關係，讓他們很感動。

在參與家訪時我學習到很多，因為較年輕，所以家訪時幫忙記錄，從旁可以學習和孩子的相處模式，或是孩子有其它的興趣，會從家訪時得到資訊；也會了解孩子與父母間的問題，我們可以從中協調，減少親子之間的誤解。家訪有助於日後和孩子互動，有更多共同的話題。

我會繼續承擔慈誠爸爸，與不同領域資深的爸爸媽媽學習他們的專業及做事的方法。我也累積兩年的經驗，孩子有什麼需要幫忙或解決的，都會盡量去協助，我要用行動來實踐爺爺的叮嚀——「做慈濟就對了！」

從被愛到愛人

口述／蔡雅純
整理／高芳英

蔡雅純的父母蔡義芳、何澤美，都是慈濟人，小時候常隨著父母親參加慈濟的活動，也常參加慈濟的營隊。當她聽到慈大附中第一屆招生時，就主動去申請報名。後來，她的父母親在她念慈大附中時，也成為國中部的慈懿爸媽；最後，當她畢業後工作穩定，培訓成為慈濟委員後，就跟先生林維揚商量，一起回到自己的母校，擔任慈懿爸媽，關懷學弟妹。

師長無私　點滴奉獻

二〇〇年九月慈大附中開學時，我懷抱著期待的心情入學，感覺學校很漂亮、環境很好，與以前在市區的學校風格截然不同。當時我很開心，但因為要住校偶爾會想家。學校有很多的規矩，洗衣服、整理環境等，很多事情要自己打理。每天從早上到晚上，除了正規的課之外，還會安排晚自習，週六也安排半天的自修，老師都會陪同，讓學生安全，也讓家長安心。

慈大附中第一屆採申請入學，附件資料會填寫個人特殊才藝，學校就依畫畫、跳舞、心算等才藝，將同學集中在一個班級，是所謂的才藝班。我因為學過民族舞蹈被編入此班，但那時候沒有正規的才藝課，蘇明珠老師會利用課餘、午休，或早上的時間帶著我們練舞。

慶幸自己選擇到花蓮慈大附中就讀，能參與這麼棒的課程。除了明珠老師的舞蹈課，讓我印象最深刻的還有王進益老師，他也是帶著奉獻的教育理念，從西部來到花蓮成為慈大附中的老師，在正規課程之外，常利用課餘時間，安排自然生態教學及班遊活動。

「哇！看那邊，螢火蟲一閃一閃的耶！」生平第一次看到螢火蟲，我雀躍地歡呼。在王進益老師帶領下，我們來到瑞穗進行自然生態課程，這是一堂生動有趣的課外自然課程。

談起有趣的螢火蟲自然生態課，王老師會在現場為我們詳細解說完整的生

蔡雅純（右一）為慈大附中第一屆校友，2018年回歸母校加入慈誠懿德會，擔任國一知足班懿德姊姊；每個月慈誠懿德爸媽都會製作手工生日卡，送給當月生日的壽星！（提供／蔡雅純）

態，從牠的生長環境、特性，好發的季節，到雄性與雌性發光器的不同等。他還讓螢火蟲停在我們的手上，交代我們不要捏牠，放在手上觀看就好。老師只有一部車子，一次帶四個人，大概要花上七、八天的時間，做同樣的事情，把全班帶完。

班上有同學住在原住民部落，王老師就利用假日帶我們來一趟文化知性之旅。我們騎著腳踏車到慕谷慕魚，到山上、去溪邊，陪伴大家親近大自然。他這麼做，就希望學生不要只讀書，能多利用機會認識自然環境。

同學有人想家的時候，王老師都會陪他、帶他去吃飯；還會自掏腰包，利用晚自習後的時間，幫每一位學生慶生，這些都是王老師主動陪伴我們，沒有加班費，非常熱誠，讓我超級感動。他帶給我最大的影響，是他在允許的範圍裡，想著如何做到更大的事情，這個理念影響我很深，現在我也是這麼做的。

更讓我感動的是，彰化教聯會的化學老師陳文德，當時因為慈大附中教化學的老師離職了，陳老師從彰化來花蓮支援，必須前一天搭火車來，半夜才到，隔天幫我們上完課再搭火車返回彰化，這樣持續一年多，直到我們找到新的老師為止。在高三最後衝刺的階段，他還會多留一個晚上，在晚自習幫我們再做加強。每位老師都把這群學生，當成自己的孩子關心、疼愛。

慈懿之愛 綿延不絕

慈懿會中，洪若岑師姑是很特別的一位，雖然不是我的班級媽媽，因為與我的哥哥很早就認識，我進入慈大附中後，與她相遇時，她就會問我：「最近功課怎麼樣，過得好不好？」簡短的一兩句話，讓我覺得很溫馨。

有一陣子，媽媽希望我拚功課、考升學班，要我轉回高雄念書。我真的轉回去一個禮拜，可是因為不習慣，又回到慈大附中；我已經轉學又要回去，覺得很不好意思，也很難過。若岑師姑知道了，只對我說：「歡迎回來啊！」我的班老師對我說：「妳回來了喔！妳只是請假而已，位置都還在，就繼續上課啊！」蘇明珠老師說：「妳只是回去玩一玩、走一走而已，妳都沒有離開，同學們都在。」

我心裡明白，大家都非常疼愛我，知道我已經很有罪惡感，一定是遇到不開心的事情。這些我信任的人用簡單的話語，沒有任何責備，也沒有很多的過度關心，只是很平淡、很平淡地，歡迎我回來，一切都很正常，讓我回來得很自在，也讓同學很自在。

我的懿德爸媽中，殷正洋爸爸與李文媛媽媽，讓我印象很深。有一次慈懿日，一個很內向、很害羞的同學，她常陷在自己的生活圈裡，同學會覺得她怪怪的，不想與她親近。殷正洋爸爸第一次來就發現她的狀況，馬上過去與這個同學聊，幾乎整堂課一直與她互動，殷正洋就用他學過的心理學，解開她的問題。雖然殷爸爸因為工作關係，只來了一個學期，但他樂意與孩子互動，深入了解他們狀況的舉動，讓我既感動又敬佩。

我媽媽何澤美及爸爸蔡義芳，在我念慈大附中的時候成為慈懿會一員，帶國中部的孩子，兩人真的是把慈懿孩子視如己出，很疼他們，有時候比對我還好。我到國外念書的時候，父母親來看我，看到什麼好吃、好用的東西，媽媽就會說：「這個可以給我懿德孩子，那個我也要帶回去，下禮拜慈懿會可以給他們。」

孩子畢業前，慈懿爸媽要製作手工書送給孩子，我媽媽不會美勞，為了這本手工書，她會去蒐集照片，買文具用品回來剪剪貼貼，因為她覺得這對慈懿孩子是重要的，她就全力以赴。

愛的傳承 積極付出

我會加入慈懿會，是因為參與慈濟科技大學謝麗華主任帶領的暑假親善大使文化交流，期間與學生們有較多的相處，才比較了解這個年紀的學生到底在想什麼，為什麼這麼叛逆，有這麼多的家庭問題。實際上慈科大有很多學生的家庭處於社會弱勢，有父母離異、隔代教養等社會問題。這樣的經驗，讓我真正理解證嚴上人成立慈懿會背後很深的意義，就會很感恩自己就學期間，有慈懿會爸媽用滿滿的愛陪伴我們。

我見習、培訓慈濟委員後，對慈濟有更深入的了解，工作各方面也較穩定了，就與先生林維揚討論，是不是可以抽出時間，回學校陪伴學生。原本想去承擔慈科大的慈懿會，後來想想我是慈大附中畢業的，受到這裡的師長及慈懿會爸媽的照顧，想把他們的精神理念延續下去，所以就參與了慈大附中的慈懿會。

若岑師姑得知我們加入慈懿會，很開心地對我說：「你們就來當懿德哥哥、姊姊。」我帶的是國一的孩子，班級老師很用心，他先告訴我們哪個同學生理上有什麼樣狀況，需要特別注意，或個性較不合群，進班後我就會多陪伴那幾位同學。

例如，上學期有一個學生轉到我們班上，因為她在原班級適應不良，她有才華，但個性的關係與同儕格格不入、被排擠。我們是才藝班，有畫畫的，有跳舞的，大家就能接受彼此。

知道她的狀況後，我想起當年自己有狀況的時候，老師並沒有針對我的狀況一直問，所以我也就不去問她為什麼會轉班，或者和同學為什麼處得不好，只是默默地陪著她聊天。有一次，她問我：「姊姊，妳們下一次還會來嗎？為什麼妳上次沒有來？」顯見彼此已經建立好感情，我感到很欣慰。

懿德日班聚會難免產生一些垃圾，慈懿爸媽疼惜孩子，忍不住會順手收一收，但我和維揚認為，讓孩子動手做，勝於幫他們做完。我們會刻意問孩子，垃圾桶在哪裡啊？你們是不是可以自己去丟，因為這是你們自己吃的；或者說，你可不可以帶我去，我們一起去丟。吃東西的時候，也會提醒他們，是不是有先問爸爸、媽媽要不要吃啊？你們有的東西，爸爸媽媽有沒有啊？藉此讓孩子落實生活禮節。

見苦知福 啟發善念

二〇一八年十一月，我和林維揚有因緣隨基金會同仁前往非洲進行會務關懷，返國後，李玲惠校長安排我們為各年級的孩子分享，希望藉此讓孩子們見苦知福。

首先，我問孩子們在學校裡看到什麼，學校裡有哪些東西？他們踴躍舉手，搶著回答，學校有教室、桌子、餐廳、福利社、實驗室……林林總總講了很多。

那我們一個班級幾個人啊？小朋友回答：「三十多個，好擠！好擠！」講完之後，我給他們看非洲的照片。

我依著照片順序繼續說，這是非洲的小朋友，他們的年紀和你差不多，可是他們的教室在樹下、沒有牆壁、沒有課桌椅，吃的東西是少少的穀物，加很多水的稀粥，或者玉米粉加水，兩三天才吃一次東西。當我分享告一段落，有的小朋友直接脫口說：「他們好可憐喔！」我希望他們看到自己的幸福，與非洲孩子的辛苦，藉此啟發他們的善念。後來，小朋友加入感飢十二，很多小朋友自發性地捐款一百元給非洲貧窮的孩子。

慈濟的教育，慢慢地看到在各地發芽的種子，我近幾年才有更深的體悟，明白上人為什麼堅持要辦教育，為什麼要辦慈大附中，為什麼要有慈懿會。看起來報酬率很低的事情，卻還是非做不可，因為過程中努力的點點滴滴，都會在未來發酵；上人想的不是投資報酬率，而是淨化力、善效應，只要能夠利益人群，都是該做的事。

當年王進益或蘇明珠等多位師長，為我們做了很多，可能在你難過的時候，對你講了一句安慰的話，一個小舉動卻影響心靈很大，直接影響人生的價值觀。回首當年，我的老師九成都是從外地來，離鄉背井來到花蓮慈大附中教書，慈懿爸媽也是由外地來陪伴孩子，都是帶著一分使命，讓我非常感佩。我可能不記得他們的名字，但他們那一分心與那一分愛，卻對我的影響至深至遠，也是我要學習的精神。

我個人在慈懿會付出不多，做得還不夠。我會秉持老師及慈懿爸媽的精神，繼續陪伴慈大附中的孩子，播下一顆顆愛的種子，等待他們慢慢發芽、茁壯。

家長會 使命必達

口述／李鼎銘
整理／高芳英

李鼎銘是國際航運公司的負責人，工作繁忙，全年無休。慈大附中於千禧年成立時，兩個孩子躬逢其時，送回慈大附中念書。他擔任第二、三任家長會長。聽證嚴上人慈示：「家長要做學校最大的後盾及支持的力量。」此後，無論是學校的行政、老師、學生有需求，年度規劃裡面未列的事項或突發狀況，他都帶領著家長為學校付出，補學校的不足，事事「使命必達」，讓家長會成為學校最有力的支持與後盾。

因緣殊勝 承擔會長

「巍峨超越中央山，坦蕩不讓太平洋，好山好水好文章，萬物和我做同窗；人文科技併五育，教育理念臻發揚，學習服務與創造，尊重合群勤修養……。」

有一次曾漢榮校長到臺北洽公，我開車去松山機場接他，聊起當年在慈大附中的點點滴滴，兩人心血來潮，輕輕哼唱起慈大附中的校歌，唱著、唱著，竟不約而同地落下男兒淚，那是感動、歡喜的淚水。

我們慶幸能夠躬逢學校初期的華路藍縷，學校的一塊磚、一株草，我們都曾參與、努力過，很感恩有機會為慈濟的學校做事，覺得很有福。此時，我腦海中浮現作詞家莊奴老師的身影，感謝他寫出如此宏偉的歌詞，完整地呈現上人想要教育慈大附中孩子的胸懷。

憶起擔任家長會長的因緣，千禧年慈大附中開始招生，因為認同及信任上人所期盼的「全人教育」及「品格教育」理念，我們讓老二及老三回到慈大附中念書，分別念高一及國一，我也成為家長會一員，後來我被推舉為第二、三任家長會長的職務。

我自完成學業後，即接管家族的國際航運事業，剛巧遇上海運業最慘淡時期，每日工作非常繁重，幾乎沒有時間參與三個孩子學校的事務，也從未參加過任何一次家長會，都是由太太洪若岑與學校老師聯繫。

慈大附中在草創期需要很多人來協助它成長茁壯，我們家兩個孩子剛好躬逢其時，成為慈大附中的學生，受到許多慈濟人的照顧，難道我們做父母親的不應該來付出一點嗎？我就是以這樣的心情，帶著付出、回饋的心，無論多麼忙碌，都要撥出時間來付出，那是一種不同的感觸。

願為後盾 使命必達

因過去從未參與過小孩的家長會，也不了解家長會所扮演的角色及運作方式，在我剛進入家長會時，常思考到底家長會要做些什麼？有一次與上人座談，上人慈示：「學校草創期，我們自己的孩子都在這裡，我希望能將學校建立一個家的感覺，所以家長要做學校最大的後盾及支持的力量。」

從那時候開始，無論是學校的行政、老師、學生有需求，年度規劃裡面沒有列載的事項或突發狀況，我們家長們一起為學校付出，補學校的不足，務必做到「使命必達」。

2018 年 5 月 17 日為了讓更多人認識慈濟教育志業的理念，第一座大愛感恩環保科技館以及第三十座靜思書軒的閱讀館，於五月十七日的上午正式在慈大附中校園裡成立，李鼎銘（右二）受邀蒞臨開幕儀式。（提供 / 周東霖）

創校之初經費拮据，學校每每遇到困難或各項物資需求、舉辦義賣等，曾漢榮校長都會找我商量，一起想辦法找資源解決問題。我就會邀集身邊認識的愛心人士與慈誠懿德的爸媽們，共同募集物資，使命必達，一起來護持教育志業，這些都是我們的本分事。當時，我幾乎每週六、日都往慈大附中跑，感恩有這麼多愛心人士共同協力，用心地讓學校很快步上軌道。

集思廣益 永續團隊

成為第二任家長會長後，我覺得最重要的是怎麼樣永續，要永續就須建立制度，這不是一個人的力量所能成就，加上我沒有經驗，需要有一個團隊，於是我找來家長委員、常務委員、副會長一起集思廣益，想辦法如何讓學校更好。其實作為會長只是一個代表窗口，就像一個環保站長的責任，就是必須要將所有的成員照顧好。

從各地來到慈大附中的孩子，國小六年級畢業剛成為國中生，心智未臻成熟，一夜之間要遠颺到花蓮，離開父母親的照顧，與其他不認識的孩子一起住在宿舍，所有生活細節都要自己打理，他如何能適應呢？想到孩子初次離家在外住宿，在孩子的成長階段，父母不能缺席，我興起請家長輪流來照顧孩子的念頭。

記得我在擔任慈濟大學慈誠爸爸時，上人曾經叮囑：「照顧好別人的孩子，就是照顧好你自己的孩子，唯有大家的孩子都好，社會才會好。」我對家長們說：「學校一個寢室四個人，每次假日孩子回家，父母給他愛愛愛——當他回到宿舍，有六、七天都與其他三個孩子在一起，這三個孩子對他的影響，遠比你多得多。」於是建議家長們協力來關懷所有的孩子。

請四位家長輪流，每個月各回來一次，除了照顧自己的孩子，增進彼此的親子關係，同時也要將其他三個孩子帶好，讓他們變好了，自然會影響你的孩子。家長藉此「以媽媽的愛心愛別人的孩子，以菩薩的智慧教育自己的孩子。」也讓學生獲得更多更好的照顧。如此慢慢建立起家長值班制度，永遠做學校的後盾，這也是本校家長會的一個特點。

此制度頗獲好評，一直延續至今做得更周全，週一到週五由家長志工負責值班。值班的工作主要是協助值班室清潔工作，接待學生與家長；學校有會議或大型活動的茶水點心準備，學校有臨時需要家長協助的部分，也是值班人員幫忙。

課業輔導 眾緣匯聚

來自各地的學生有城鄉差距，部分孩子成績不盡理想，要怎麼辦？我們就與曾校長商量，是否利用週六、日給孩子做課業輔導。老師要從哪裡來呢？我們透過教聯會陳乃裕師兄情商北部、中部、南部各地頂尖學校在職的教聯會老師前來幫忙。

舉高雄的老師們為例，他們禮拜五下班後，要立即搭南迴火車，得花上六、七個小時車程才抵達花蓮，已近十一、二點，全部交通費都是自理；其中有一位歷史老師還搭飛機來，就為了給孩子們上兩堂課，讓我非常感動。

校長和我會去接老師們，安排宿舍安單，拿到隔天一早七點就要用的講義，此時同仁早已下班，曾校長和我就負責列印，邊工作邊聊著校務，不知不覺已過子夜，兩人卻做得滿心歡喜，這是我們永生難忘的經驗。想想大家願意如此做，就是一分愛的付出，是一種「勇於承擔、樂於配合」的精神，慈大附中應該是全世界極少數充滿這麼多愛的學校之一。

這樣的課輔模式，大約進行了一、兩年。二〇〇三年遇上嚴重的SARS事件。由黃幸涵老師領隊的教聯會老師，仍依慣例到慈大附中為孩子做一對一的課後輔導，返家後才從新聞報導得知，慈大附中疑似有孩子感染被隔離的消息，帶給領隊黃老師莫大的壓力，但這群愛心老師沒有任何怨言，安分地在家自主隔離。我們家長會也持續給予關心，感恩大家都平安度過。俗話說「好人有好報」，所幸這些善心的老師最後沒事，也證實慈大附中學生僅只是疑似，沒有真正的病例發生。

做本分事　有心不難

我常開玩笑地說，上人為什麼要你做這件事，這一定是件困難的事，如果沒有困難就不用找你了，困難的事弟子理當服其勞，這本來就是本分事。

有人問起，「你事業如此地忙碌，怎麼還能挪出時間承擔慈大附中家長會長，帶領慈濟青年籃球隊（簡稱慈籃），以及後來承接的大愛感恩科技公司？」其實就如上人常提醒我們的，凡事「有心就不難」，航運公司的船航行在全球各地，每天二十四小時運轉，我的工作也就像7-11超商一樣，無論晴雨全年無休。為了週六、週日要帶慈籃，我開始調整工作時間，將原來八點上班，提早到五點進公司，將所有的電報看完，就可以在八點準時去參與慈籃活動。同樣的，我要到慈大附中去，就得預先做好準備，將時間挪出來，藉此讓自己有更好的時間規劃。

一個團體要好，必須每個個體都好。慈大附中走過二十年，由老師、家長會、慈懿會三方共同努力，為學校盡心盡力付出。大家都是秉持上人靜思語中「不要小看自己，人有無限的可能」及「把握當下，恆持剎那」的精神；凡事只要用心，原來認為不可能做的事，都做得到。我們今天能夠為慈濟來做，是我們的本分事，也是我們的福分，做好事更要恆持，讓愛的足跡永不停歇。

當老師的後盾

口述／鄭雅蓉
整理／黃素貞、沈淑女

「老師們辛苦了，我來幫您倒一杯茶……」這是家長志工，每週三和週四上午為國小部、中學部師長們奉茶的時間。二〇一七到二〇一九年擔任家長會長的鄭雅蓉，剛開始想要幫老師奉茶，其他家長志工覺得有點麻煩，而且要走進教室、辦公室或導師休息室也是需要勇氣的，但一轉眼間，幫師長奉茶已邁入第四個年頭。因為看到老師全心全意在課堂上授課，下課時間還需要處理班上孩子的事務，可能時間不允許他們停下來喘口氣、喝一口水。希望透過奉茶的小小舉動，幫老師倒一杯茶，溫暖他們的心。

小小一杯茶水 充滿愛的能量

煮茶看似一份簡單的工作，因為加入家長們的愛心、用心，煮的茶就是不一樣。因季節不同茶水會做變化，譬如在換季的時候 老師上課喉嚨會比較乾，比較容易咳嗽，家長志工就會煮一些潤喉茶；有時候天氣變涼，會準備一些比較養生的茶；有時候是花草茶、咖啡等。家長和師長們從開始時彼此的不適應，到現在師長們會期待奉茶的時間到來，能被期待，對家長志工而言是最好的回饋。

導師那麼多，要互相關懷不容易，因為受到師長的信任，當老師心情需要抒發時，家長會長的角色就會當一位傾聽者。透過奉茶可以互相關懷，藉由家長會的力量，去鼓舞老師、為師長加油，心靈之間的交會其實會是暖暖的。有一位新來的男老師，因剛來感覺壓力很大，奉茶的時候很自然地將他的焦慮、擔心，告訴家長會志工，志工也同步幫他想辦法，雖然最後老師有自己的規劃而離開慈大附中，但他離開前也和家長會分享，覺得慈大附中是個相當友善的環境。

高三學測及國三會考前衝刺階段，家長會在考前一個月，為考生準備「閉關茶水」。家長會當初單純一念心，考量孩子們在準備考試時比較傷腦，需要有一些營養的補充，希望在考試前的衝刺期間，準備營養的食材和茶水供給孩子們享用。為期一個月的「閉關茶水」，每週兩次為孩子提供茶水和點心，補充滿滿愛的能量。

家長會志工，每年絞盡腦汁地安排菜單變換。其中有人氣最高的珍珠奶茶，

家長會推動志工協助國小部推餐。(鄭雅蓉/中。提供/慈大附中人文室)

為了讓孩子們能喝得健康，家長們親自炒焦糖，增加奶茶甜度，以鮮奶取代奶精。補充元氣的牛蒡紅棗茶，為了讓孩子增加接受度，特意將紅棗打碎成泥，加入茶品中，增加營養價值。每一項的茶品製作，家長們都別有用心。

最後一次的茶水服務，家長會為孩子們獻上金桔檸檬，寓意「金榜題名」；蛋糕、餐包和粽子，象徵「高分包中」；除了給孩子們補充體力與能量，還要把滿滿的祝福送給每一位孩子，希望他們能美夢成真，順利考上心目中理想的學校。

讓我印象最深刻的，曾經有位在教育廣播電臺工作的媽媽，她特別請假來為孩子煮茶，之後再去廣播電臺上班。因為在做的當中自己受到感動，這位媽媽為「閉關茶水」做研究課題、採訪，最終製作了一個特輯，將感動化作行動。

家長會　師生之間的橋梁

孩子們將回饋家長會爸媽給予的愛，化作一張張感恩小信函，在家長會的辦公室裡，秀出孩子們的感恩信函，黃吳箬辰寫著：「謝謝你們總是為我們準備吃的，謝謝你們把我們當自己的小孩一樣愛護。」王顥筑寫：「謝謝你們在會考前，和會考當天對我們的照顧，在當下真的覺得力氣都回來了，有充電到的感覺。」陳靜妤說：「在努力奮鬥時有人替你張羅吃喝，這就是所謂的幸福吧！能在一個充滿愛的環境中衝刺，謝謝家長會，有你們真好！」句句的感恩，讓這群爸媽有了源源不絕的動力。

師生間有時候因為角色不同、立場不同，彼此之間會有一些誤解，家長會的角色就顯得重要，可以幫助居中協調。學校有很多不同屬性的活動要承辦，若單靠老師、學生的力量是單薄的，若有家長會出錢出力，能更順利推動。以學生來講，孩子知道學校有愛心爸爸媽媽可以照顧他們；就老師而言，在他們需要協助的時候，家長志工隨即會出現。

例如一位老師負責約三十個孩子，偶爾還是有一兩個孩子需要個別處理，這時家長會就可以發揮功能。或許有些學校的家長會，看似沒什麼功能，慈大附中的家長會功能卻是不勝枚舉。

家長會很感恩有志工的角色來發揮，為學校盡一分心力。有任何事，大家一起來做，一起完成，只是想讓學校可以更好，在運作上更順暢，這樣情感連結深厚的家長會是其他學校沒有的。慈大附中家長會真誠主動關懷陪伴師生，讓師生關係良善，是師生之間的潤滑劑；因為家長會無私的奉獻付出，讓學校處處洋溢著愛與關懷。

編按：鄭雅蓉，二〇一七至二〇一九年擔任慈大附中家長會長。

第四章

蛻變

走過青春，走過輕狂的年少！
猶記得當年，何人？何時？何事？
不知不覺中蛻變了自己。
師恩浩蕩，驀然回首，方知當年恩。

課堂是老師 下課是朋友

撰文／徐振家

常有人說，在校期間最讓老師頭痛的學生，往往卻是在畢業後和老師關係延續最久、情感最深的學生，也是讓老師最懷念的孩子。楊曜任是慈大附中國中部第四屆畢業生，似乎正是徐振家老師教學過程中，所經歷的這樣一位孩子，短短三年師生相處的過程，卻讓他畢生難忘。

國中生涯 奇妙因緣

我的學生楊曜任與慈濟的接觸，源自他國小時認識的一位慈濟師姑，師姑是曜任母親所開設安親班的學生家長，也是大愛劇場《大愛的孩子》主角李素珠；她時常邀請曜任家人參與慈濟活動，曜任國小時就和爸爸推著三輪車去做環保，因而開啟了與慈濟的因緣。

曜任很調皮，要上國中了，讓媽媽非常地傷腦筋。慈大附中招生對象開放給慈濟會員，藉由素珠師姊的介紹，曜任認真上網查看了學校，最吸引他的地方是學校游泳池很大；還有一個原因，就是媽媽太兇了，他為了離開家才決定報名慈大附中的。

接著，報名考試到接獲錄取通知，回想起搬進慈大附中宿舍的第一個晚上，面對陌生的環境，也不知道第二天要做什麼？室友也不熟，現在想想他就覺得很像當兵的感覺。

「……就讓一切因為你、因為我，世界充滿更多愛的感動。」這是在慈大附中叫醒他的第一首歌，也是他認識慈濟的第一首歌。

曜任脫離家庭的束縛，來到一個全新的環境，國一、國二的時候，班級風氣不是很好，連續換了好幾位導師，只有學務主任曾裕真才能鎮得住他們班。他曾經因為和同學玩，手被美工刀劃傷，血流如注，當時載他到醫院的就是我；我們彼此奇妙的緣分，就此展開。

欠的，總是要還

曜任升國二，班級換了一位新導師，嚴謹的態度經常與學生發生衝突，這樣的狀況不斷地累積，甚至造成學生不停地轉學，班上只剩下十六位學生；學校在寒假做了一個決定，讓班級有了意外地改變。

新學期一開始的早自習，各班的導師陸續到達班級，唯獨大愛班不見老師的蹤影，有同學說：「聽說某某老師要來當我們的導師。」到了八點，曜任萬萬沒想到被國、高中部同學視為大魔王的徐振家老師就出現在講臺上，全班同學都露出驚訝的表情。

我直接把話講清楚，整潔與秩序，老師的原則在哪裡，希望怎麼樣，不能怎麼樣。大魔王的稱號可不是浪得虛名，學生會怕就會聽話，不太敢挑戰我的底線，班上學生漸漸地穩定下來，唯獨曜任還是時不時地讓大魔王變身。

「欠的，總是要還的」，這句話是我最常對他講的一句話。國中時，曜任聯絡簿上的週記總是空白，靜思語三年來都是同一句「做就對了」，因為這句話最

楊曜任是國中部第四屆畢業生，目前為華林映像工場負責人，上圖為拍攝萬金石馬拉松廣告現場。（提供 / 楊曜任）

短。我跟他說不管什麼事情，欠的總是要還，沒寫，週末就留下來寫，這句話到現在他還謹記在心。

假日的午後，慈大附中校門口放假的學生來來往往的；下午有義賣園遊會，我說：「走！老師帶你們去參加園遊會！有沒有人要去？」曜任舉手說：「我要！」但他沒有腳踏車，我就騎機車載他一起去。

從那次以後，他和我的互動愈來愈多，他發現我喜歡開玩笑，因為我曾經板著臉孔走進教室，對著全班說：「你們知道你們做了什麼嗎？」正當學生面面相覷的時候，我就叫學生帶著餐袋到外面集合，學生還不了解帶餐袋的用意時，大家已經走到妙膳廳的門口，我這時才露出笑臉說：「不要緊張，因為我們班整潔秩序得獎，我請大家吃點心。」就這樣，我比學生還要調皮，還會捉弄學生，當然那天大家吃得很開心。

曜任大錯沒有、小錯不斷，早就是學務處常客，因為犯規被曾裕真主任叫到學務處，他又搬出上人師公說的話：「做就對了！」來搪塞過錯；曾主任立刻生氣制止，靜思語不是拿來這樣用的。曜任一口氣連續地說出：「生氣是拿別人的過錯來懲罰自己」、「生氣是短暫的發瘋」、「口說好話如口吐蓮花……」，他雖然不愛念書，但早已把靜思語背得滾瓜爛熟，愛辯的個性把背靜思語的本領拿出來與曾主任諜對諜。

曾主任說：「每節下課來罰站！」

他立刻回應：「甘願做，歡喜受。」

雖然他的成績永遠都是全校最後一名，這不是為了讓故事好看而誇大，是真的最後一名；但是他與學校內的老師感情都特別好，當時的各科老師也都是來自全省各地。他畢業後，每年固定時間都會與老師相約聚會。他覺得慈大附中的老師與其他學校老師最不一樣的地方是——課堂上是老師，下課後是朋友。

課本之外的常識

曜任畢業之後，選擇了慈大附中附近的高中就讀；已經習慣了三年的慈濟人文與各種生活禮儀，他到其他的學校非常不習慣。我時常關心他的生活，讓他覺得「導師」不只是在學校時，畢業後更是照顧他的大哥哥。

他求學的道路上，一路上不停地轉學、休學；到現在成家立業、結婚生子。畢業十幾年後，他認為最帶感情的畢業典禮，就是慈大附中的畢業典禮；從宿舍的舍監、學校老師和同學的感情有如家人，在一起生活了三年的「家人」即將分離，這是唯一讓他掉下眼淚的畢業典禮。

在慈大附中學到的不只是課本上的知識，更多的是課本之外的生活常識。他出社會從事媒體業，每天在複雜的社會染缸裡生活，接觸社會事件及社會底層；即使接觸的負面訊息再多，他也能清楚地分辨是非對錯，他明白那是在慈大附中生活潛移默化下，播下的一顆善的種子。

他說：「在慈大附中國中部讀書三年的光陰，有趣的事花三天三夜也說不完，這些故事拼圖是大家一起完成的。」曜任從事媒體業，得獎無數，最高得獎殊榮有行政院青輔會國家青年公共參與獎（公民媒體組首獎）、公共電視臺（公民新聞獎）、教育廣播電臺（金聲獎首獎），他以從慈大附中學習到的信念，堅持對社會付出他傳揚美善的行動。

立志助人 堅持護理路

口述／楊謹
整理／林鳳君

楊謹在國小的時候，參加慈濟合唱團，藉此因緣透過慈濟委員，得知慈大附中正在招生的訊息，當時花蓮區只開放三十個名額，而她排在第二十四號，順利成為慈大附中國中部第二屆學生。在校期間第一次跟著學校參加印尼文化交流團，在當地看到居民的苦，同時見證慈濟人的悲心，如何無私地幫助當地居民，從此奠定留在慈濟學習護理助人的志向。

助人一念心 愛在慈院

國中畢業，要讀普通高中或是五專護理，家庭經濟因素依舊困擾著我，不捨媽媽的辛勞，幾經掙扎抉擇，在師長的鼓勵下，和家人討論後，決定直升慈大附中第五屆醫療實驗班。由於本身專精於語文方面，當時對我而言，自然和數學都很難，因此自然組一路走來讀得很辛苦。老師不忍，還曾經建議我改讀社工系，但是我覺得讀護理系，不但可以幫助改善家庭經濟，還可以藉由護理工作幫助許多人，因此無論有多難，立定志向，大聲告訴自己：「我要當護士！」

感恩學校給了我很多舞臺，讓每個人都有機會發揮所長，從中累積許多服務經驗，有機會擔任醫療志工，或參加各項比賽。儘管當時學測成績並不理想，可是依著豐厚的履歷，以及那段期間，慈大附中給予的種種訓練，經驗的累積，二〇〇七年同時榮登慈濟大學，和臺北健康大學護理系榜首。

正當為選校而猶豫不決時，李克難校長帶著我回精舍見師公證嚴上人後，我發願要留在慈濟發揮所長。感恩慈大附中一直以來無私的栽培，讓我可以無後顧之憂專心課業，並在老師們的鼓勵下順利完成學業。

沉澱心境　適時再出發

大學畢業隨即進入花蓮慈濟醫院服務，選擇在耳鼻喉科，病房裡罹患頭部及

任職於花蓮慈濟醫學中心
的楊謹護理長（左一）目
前專職於社區健康中心為
社區大眾的健康做把關。
（提供／楊謹）

頸部腫瘤的病患居多。六年半的時間裡，看盡生、老、病、死，看到病患從健康到病發，整個家庭就此變調的歷程，更時時提醒、警惕自己，用心思考到底要怎麼做，才可以讓患者得到貼切的幫助。

這群癌症病患多屬中壯年，正值需要照顧家庭，扛起家庭責任的年紀就不幸罹病，讓家庭陷入困境。病患在接受化療和電療的過程中很辛苦，其實護理人員能做的不多，只能不斷思考著怎樣的舒適護理，設法讓他們得到更舒服的照顧，期望可以完成治療過程，讓他們早日回到各自的崗位上。

因為喜歡教學這一區塊，不斷地精進自己，所以進入慈院第二年即開始帶新人。責任的開始便時時提醒自己，最好的教學就是以身作則，做好榜樣來帶動新人。視病如親，把每一位病人當作自己的家人，理所當然就會想要給他們最好的照顧，一點也不馬虎；同理病人的感受，設身處地理解病患所承受的病痛，在照護過程中自然就會變得更溫柔細心。

護理工作量沉重，壓力真的很大，很容易產生倦怠感，每當面對工作壓力與挫折時，總會安排出去旅行，放鬆心情，沉澱心境，常告訴自己和新進同仁：

「這是必經之路，撐過就是你的！」適時休息一下再出發，重新思考當初為什麼那麼渴望當護士，找回初發心，想要助人的那一念心。

堅持方向 繼續守護生命

為了充實自我，暫時離開工作崗位再進修；再回到工作職場時選擇了心蓮病房。之前的耳鼻喉科病房，是一個治療癌症病患的地方，在這裡病患已無法再接受任何治療。在一個陌生的工作環境重新學習，如何從事安寧照護，如何陪伴癌末病患，在不同的領域學習，就會有不同的收穫。

這段時間，父親也因為癌末住進心蓮病房，很感恩在父親臨終前，有機會做最後的陪伴。將在這裡所學用在親人身上，並能親手送他離開，更提醒自己要把握當下及時行孝，多珍惜與家人相處的時間，在還能為眾人服務的時候，就要好好把握因緣多付出。

未來老年人會愈來愈多，目前正在居家護理領域學習，期待未來有機會能夠往社區居家發展。不管在哪一個領域，都會堅持走護理這條路，可以很直接去照顧病患的生理，膚慰他們的心靈，常常在護理當中看到自己的價值，見苦知福，也讓自己更知足惜福。

在護理生涯中有許多感人的故事，這也是支持我繼續前進的動力，常常在別人眼中也許是微不足道的事，但是對病人或是家屬來說，卻是幫了他們一個大忙。工作雖然辛苦，每當從家屬口中聽到一聲「謝謝」時，當下就覺得一切都值得了。

很感恩家人的包容，尤其當小孩生病，而工作上又走不開時，就得把小孩接過來醫院，一邊照顧病人，一邊照顧小孩。遇到颱風天學校放假，就得帶著小孩上班，也趁機讓小孩了解護理工作，日子一久孩子也慢慢熟悉習慣了醫院的環境。孩子們曾經對我說：「病人生病很辛苦，以後也想當護士可以照顧病人。」

我覺得無形中善的種子，已經在孩子心中不斷萌芽，我也相信會代代相傳。望著窗外的陽光，給人無限希望和溫暖，未來在護理這條路上，我依然會堅持方向，如陽光般繼續守護生命、守護愛。

將外婆的愛傳出去

撰文／余依潔

余依潔從小生長在慈濟家庭，學習環境從中學到大學，都是在慈濟教育體系中，接受慈濟人文薰陶。畢業後成為慈濟志業體成員，一直秉持著善念初發心，用心陪伴與關懷弱勢家庭與個案。證嚴上人授予她的法號是「明蕊」，三個「心」，余依潔覺得那代表著要她多用心，盡己之力，撒下更多善種子。

與生命中貴人相遇

我出生在慈濟家庭，外婆賴林素嬌是慈濟人，我常陪外婆到臺中民權會所值班，因此國小就開始參加兒童精進班或營隊活動。二〇〇六年從彰化到花蓮就讀慈大附中高中部，當時我並沒有想到，就讀慈大附中的三年會深深影響我未來就讀慈濟大學，以及今日在慈濟志業體服務。

在慈大附中，除了學校舉辦很多活動，可以知道慈濟志業的動向，也從人文課程中領會慈濟的人文精髓。在住宿生活中養成自立外，學校的師長、舍爸舍媽、慈懿爸媽，甚至是同學，這些「人」是慈大附中最大的魅力。

在現實社會中，求學之路無論是老師或同學，焦點只會圍繞在成績優異的資優生，同儕間存在的只有競爭、名次，更不用說，老師會待你如朋友般，在你迷惘時，傾聽你的困擾，分享經驗並給予建議；然而，在慈大附中讀書的我，因與這些生命中的貴人相遇，而顛覆了我先前的認知。

記得高中一年級，班上有個同學，因升學壓力過大，罹患躁鬱症，精神控制不穩定時，會有一些奇怪的行為舉止，所以老師會定時到房間，提醒她要按時服藥。而同學之間不但沒有避而遠之，取而代之的是陪伴她，告訴她我們都在，不要一個人悶著，有事可以說出來，大家可以一起想辦法。雖然效果有限，但我想這分心肯定有傳送到她的心底，在她休學要回家時，她的父母親感謝我們這段時間的相伴。

余依潔（右一）為高中部第六屆畢業生，目前於慈濟基金會中區社服組擔任社工工作。（提供／余依潔）

在慈大附中讀書，師長待我們亦師亦友，照顧上也是無微不至。知道青春期的孩子容易肚子餓，導師們會向餐廳訂宵夜，讓我們在晚自習下課時可以食用。考試前的跨年無法回家，舍媽會做好吃的小點心與我們分享。「良師益友」的制度，讓每個學生有固定師長的陪伴與關心。

此外，還有慈懿會爸爸媽媽的關懷，記得第一次與慈懿爸媽相遇時的場景，是爸媽熱情帶著水果、餅乾，走進班上，然後給我們大大溫暖的擁抱。自始之後，一個月一次的慈懿會，是我們最期待的時間，從一開始懿德媽媽擁抱說著：「孩子，媽媽好想你！」到後來我們直接衝上前抱著媽媽說：「媽媽，我好想妳喔！」

撒下希望 讓愛萌芽

擁抱的溫度時至今日仍刻骨銘心，也因為有這些愛的陪伴，讓我在求學之路不孤獨；也因為這些愛與關懷，讓我學習如何愛人，也開啟了之後喜歡參與志願服務活動，繼續升學就讀慈濟大學，並擔任服務性社團「快樂健康社」的社長。

大學畢業時，敬愛的外婆離世，讓我失去了人生的方向；離開了花蓮，離開了慈濟回到家鄉。外婆捐贈大體成為無語良師，在無語良師啟用及圓滿典禮後，讓我的心境沉澱，再次思考人生的方向。我想起那段在花蓮的青春時光，回想那些年，那些人的點點滴滴，我很感恩慈濟栽培我長大，讓我長成了自己喜歡的樣子。

好因緣下，二〇一五年十月一日我進入慈濟慈善事業基金會中區社服組工作，也從工作中看到慈善安心的力量，慈濟人如何在苦難眾生最需要的時候，用智慧陪伴他們度過難關。證嚴上人說過：「能幫助人的人，就是人間菩薩。」人間菩薩需要一起努力，所以我決定參與培訓，與慈濟志工團隊一起承擔這分使命。

二〇一九年初，我與母親賴瑛如接受上人授證成為慈濟委員，上人授予我的法號「明蕊」，三個心是表示我要多用心。慈善是慈濟的根，在訪視中體會到，每位眾生都是一部經藏，透過他們的生命故事，豐富自己的人生經驗，當未來遇到種種變化球時，都能更有智慧應對；所以我會跟著志工團隊，在第一線努力耕耘、播善種、淨化人心，讓生命影響生命，讓生命感動生命，成為美善播種者。

感恩那些年、那些人的愛與陪伴；外婆走入慈濟的一念恆持心，讓我現在更懂得珍惜與家人，及朋友的相聚時刻。把握每一次付出的機會，感恩一切的好安排，努力圓滿每一分緣。未來我會恆持這一念心，堅定走在菩薩道上，寸寸愛、寸寸鋪，將這分愛傳出去。

成長歲月 欣喜慈大附中為伴

口述／艾佳霖
整理／陳秋華

艾佳霖國小時，常跟著母親一起參加慈濟活動，因此自己選擇到花蓮慈大附中讀書，學校的環境讓她學習獨立，也因為在充滿愛的環境中，並且自我要求及努力，選擇護理師專業工作，並進入臺北慈濟醫院加護病房服務。在學校時，讀書與志工服務，成為生活中的兩大區塊，因為設定的人生目標而努力不懈，也因為志工服務得到的快樂，而得以釋放課業的壓力。二〇一九年受證成為慈濟委員，法號「懿泱」，實踐對師公上人的承諾，「您的孩子回來了！」

隻身求學 學習獨立

我出生於臺中，小學的時候最愛跟著媽媽到慈濟聯絡處，因為在那裡有得吃、有得玩，也喜歡參加親子成長班，甚至在國中三年級時，因為要升學考試，媽媽希望我暫停參加活動一年，還因此跟媽媽鬧彆扭。

當時在臺中流行就讀私立高中，可是有名的私立高中，以我的成績無法進入就讀，因此有一個簡單的想法，以為慈大附中會是一個好玩的環境，於是跟媽媽表達就讀的意願。

原本以為來到花蓮讀書，可以自由沒有人管，殊不知學校對生活的管教更嚴格；如不能帶手機，星期六要到中午才能放假，晚上七點之後就要收假；花蓮，一個純樸的城市，學校附近沒有地方可以遊玩，受限於現實的因素，休假日能去的就是夜市了，所以對於高中生活，在我的腦海中就是讀書及做志工。

父母從小給的觀念，是老師負責把知識教你，是否認真讀書取決於你；隻身來到花蓮，一切的事情都需要自己決定跟實踐，所以時間規劃很重要。想要就讀好一些的班級，勢必在生活上要有所抉擇，當大家都出去玩，自己就要多花一些時間念書。這時就開始思考，什麼是我想要或不要的，就這樣在慈大附中學會了獨立，以及為自己負責。

宿舍內四個人一間寢室，休假日除了參加志工活動外，大多是我一人留在宿舍，除了打掃宿舍，再來就是讀書。平時上課日，因為宿舍有管理，時間一到，

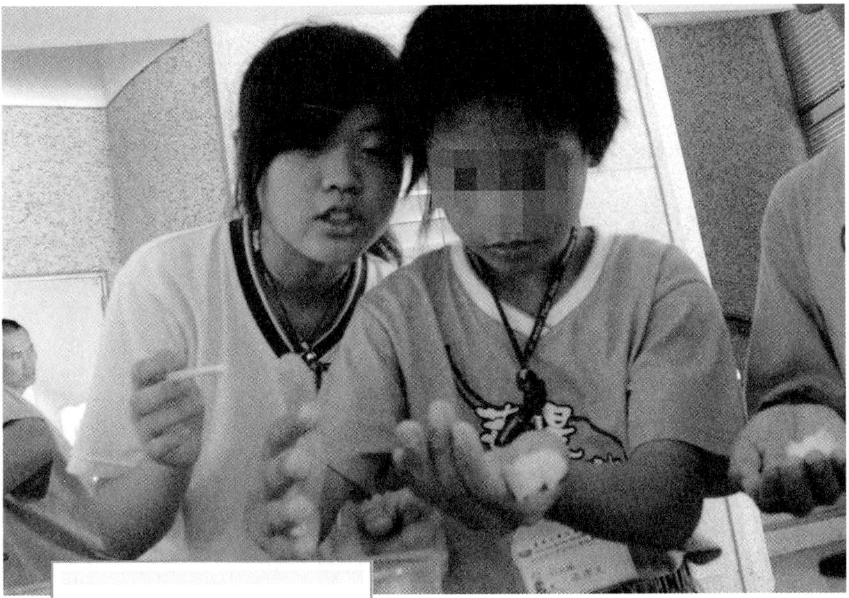

高中時期艾佳霖（左一）就熱於服務，在學校舉辦的”暑期生活快樂王”營隊擔任隊輔，陪伴部落小孩一起學習。（提供／慈大附中人文室）

室友們都要休息，我就一人躲進衣櫃內讀書。同寢室的同學都視我為異類，不過，學校大考時，同寢室的室友，就會一起把棉被弄蓬，大家一起躲進廁所裡讀書去。

高一升高二時，我參加學校內的轉班考試，於是由B班轉到A班就讀。進入A班讀書壓力更大了，自覺不是很聰明，擔心自己讓全班的成績受影響，於是更加認真讀書。感恩二年級的官振驤導師，雖然他對我們的成績有嚴格的要求，但又如朋友，也如慈父般給我們關愛，不是只一味要求我們的成績，所以至今還是對這位嚴師慈父感恩在心。

志工活動 讓我成長

因為國小就隨著母親參加志工服務，所以高中時除了讀書之外，參加志工活動就成為了我的最愛。在功課上頗感壓力時，當志工成為陪伴我度過課餘的時間。一開始只是跟老師一起去老人院帶活動，但感受到的不只是我去陪伴他們，長輩也相對陪伴我，就如自己的家人一般，這也是我在成就感之外得到的回饋。

高二之後開始學習規劃活動，讓我很有成就感，從志工活動中學習到領導者的角色，我開始學著在大家面前發言，還有規劃課程，這些都是課本上學不到的經驗。也因為當志工，發現快樂是在付出中真心地投入，而忘卻當下的煩惱以及課業的壓力。

自覺不是非常優秀，如果在一些大學校，動輒十幾個班級，因為人才濟濟，相對許多好的機會就很難輪到。但在慈大附中，因為由於學校小班級少，只要自己夠努力，就可以獲得許多的機會，所以在高一升高二的暑假，我參加海外新加坡，及馬來西亞人文交流，這是我第一次出國。還有高二升高三，當大家都去畢業旅行的時候，我選擇參加醫療志工營。

第一次到海外當志工，那時因重新分班，跟同儕相處正處於一個尷尬期，對我自己產生一些考驗；二年級新的班級必須重新融入，還要脫離自己原來的班級，讓我跟原來的同學，在人際關係上出現一些問題，因為要去海外共同相處十四天，讓我們有機會去學習化解相處的問題。

以前不覺得慈濟是一個全世界都知道的團體，因為那次海外人文交流，讓我知道，全世界各地都有慈濟志工在努力深耕，才知道原來上人的法可以傳播到世界各地。雖然家人不在臺灣，但他們卻都把上人的法放在心裡，而且認真去落實。

在慈大附中讀書時，最喜歡的就是每月一次的慈懿日，那天下午不用上課，來自各地的慈懿爸媽，他們跟我們非親非故，但每次都準備很多的東西，風塵僕僕來陪伴我們。那是一股無形支持的力量，就像自己的親生父母來看我一樣，我可以敞開心胸去擁抱他們，大家可以一起談笑，那是一種溫暖的感覺。

因為慈懿爸媽在家業、事業上都有一番成就，所以也會跟我們分享，科技走向或者發展等新知，例如有一位爸爸就跟我們分享，玻璃未來產業的影片。他們不只關心我們，還可以帶現在社會發展的新資訊給我們。在學校裡面因為網路受限也沒有手機，所以無法知道現在世界的發展，但爸媽的到來，補足了這一部分的不足。

佛心師志 永遠的承諾

國中的時候跟著家人到醫院看醫生，當時就有一個夢想，長大後，我也要同他們一樣成為醫生。慈大附中雖然不是有名的大學校，但在它的羽翼保護及教導下，我達成了願望。自己有自知之明，當不成醫生，那就當個護理師，所以在高三填志願時，全部填的都是護理系，順利考進國立臺北護理健康大學就讀，也實踐國中時，參加親子成長班的夢想，參加慈青社。

在國立臺北護理健康大學即將畢業，面臨了人生重大的抉擇，要往哪家醫院去服務，是否可以如願去我希望服務的單位。大家都想去臺大、榮總，但是這兩大醫院對於剛畢業的學生，一定得去一般病房服務一段時間後，才能到加護病房。一般病房不是我想要的單位，我給自己選擇，是具挑戰性的加護病房，而慈濟是我熟悉的地方，所以我選擇急診跟加護病房科別，然後選擇自己熟悉的慈濟醫院。

選擇在加護病房服務，是因為在此什麼科別都會遇到，學習跟成長是比較快的。趁著剛離開學校，腦袋也還處在學習的狀態，努力多學習一些。加護病房隨時病人都會有變化，精神壓力很大，自己也會給自己壓力，擔心害怕可能有些意外狀況。我很在意別人的眼光，怕別人覺得我做得不好，但是上人說職志合一，所以我盡量學習，把服務病患，當作志工服務對象的心境去努力。

因為在加護病房大夜班服務，時常日夜顛倒，所以受限於時間及生活型態，無法從事自己熱愛的志工服務。二〇一九年有機會去菲律賓當志工後，又喚起當志工的快樂，這是在加護病房不太可能感受到的。即使病人從加護病房轉到一般病房，他只是脫離了危險期，還未真正脫離病苦；而參加義診，可能因為白內障開刀，讓他及時脫離病苦的回饋感受深。

如果高中時不是讀慈大附中，現在的我可能是怎樣？我想，自己心中的善念跟正念，不會這麼多吧！因為慈大附中，讓自己變得比別人多一些溫暖。慈大附中保護了我的赤子之心，讓我相對地單純，雖然也少了一些，去認識不同類型人的機會。而且這段時間，其他的高中生在做什麼？也許他們在參加許多好玩的活動，但是這些活動對人生能有多少助益？

因此選擇到花蓮慈大附中讀書，學校的環境讓我學習獨立，也因為在充滿愛的環境中，自我要求及努力。時光匆匆飛逝，二〇一五年從國立臺北護理健康大學畢業，來到臺北慈濟醫院服務已經四年。二〇一九年我受證為慈濟委員，實踐慈青時對上人的承諾：「師公上人，您的孩子回來了！」不管未來自己人生規畫為何，但是對師公上人「佛心師志」的承諾永遠不會改變。

編按：艾佳霖畢業後改姓為梁艾佳霖。

每個角落 都有我們的故事

撰文／尤子云

就在慈大附中即將滿二十歲之際，殊勝因緣之下，尤子云有機會回到母校執行空拍任務，透過空拍機，鳥瞰整座校園，那是他不曾看過的壯麗畫面，川流不息的學生群，穿梭在學校各個角落，青春洋溢，而曾經，她也是其中的一員。

再回頭 校園成家園

畢業七年了，偶爾還是會回到承載我十一年青澀時光記憶的「家」走走、坐坐，懷念這裡每一個角落，都有一段屬於當時的故事。

每當我和新認識的朋友或同事，分享學生時代的種種，他們總是投以羨慕的眼光，外人很難想像，二十四小時相處建立起來的革命情感，牽絆有多深？即使畢業多年，同學們之間仍舊保持聯絡，那分情感早已遠遠超越友誼，昇華成家人了。

不只同學，老師也是，或許迫於當時身分的關係，必須扮黑臉對學生嚴格管教，畢竟他們身上扛的，不僅僅是身為人師的責任，更多的是家長們的期待；當我們畢了業，老師總算能還原祥父慈母之姿站在我們面前，緊張對立的關係化為烏有，剩下的只有滿滿的關愛，這大概就是「一日為師，終生為父為母」的體現吧！

從懵懂無知的始齔之年，歷經志學之年，到要對法律負起完全刑事責任的十八歲，十一年說長不長，對我往後人生的影響，卻是一輩子。

最大的改變，莫過於「吃素」這件事了。記得二〇〇〇年才剛轉學進慈大實小沒多久，對於學校只提供素食餐點還不是很習慣，放學後經常拉著媽媽去買香雞排，一解午餐清一色只有青菜的無聊。直到有一天，老師在課堂上播放關於「餐桌上食物怎麼來」的影片，看著一隻隻活蹦亂跳的雞，被活生生割喉放血，丟入滾燙熱水中，去毛、開腸剖肚；魚兒被迫離開依存著的水，在痛苦掙扎中，刮鱗去皮、熱鍋油炸，成為一道道「美味佳餚」。這場震撼教育讓我足足哭了一個下午，為什麼自己小小口腹之欲，要讓這麼多無辜的生命消逝，當天回家就和媽媽說，我再也不吃肉了，母女兩人就一同茹素至今。

體會 掃廁所哲學

慈濟教育除了人文之外，還有一項特別之處：一般人認為「廁所」是汙穢的地方，表現差、調皮搗蛋的孩子要被懲罰清掃；然而，在慈大實小打掃廁所，是一件光榮無比的事情，只有夠優秀的學生有這項殊榮，徹底翻轉刻板觀念，用獎勵代替懲罰，用鼓勵代替責罵，老師們都是這樣用愛澆灌幼苗。在後來，遇到別人特別不想做的事情時，我就會想到「廁所哲學」，勇於承擔，把挑戰當作給自己的獎勵，這真是一門很受用的生命課程呢！

另一個重大影響，讓我奠定到人文志業中心工作的目標。感恩學校一直以來

尤子云（中）就讀大學期間參加慈青社做志工。（提供 / 尤子云）

都提供多元豐富的資源，讓學生除了學科精進，還能拓展視野，探索不同領域。最初，因為小學時參與合唱團，指導老師剛好是大愛臺同仁，當「大愛小記者」開始徵選時，第一時間就得知並報名，也幸運地入選了，歷經外景採訪、現場STAND種種訓練，獲得晉升「大愛小主播」資格，開啟我想進人文志業中心工作的大門。

中學時，學校持續提供資源，朗讀、主持等各項口語增進訓練；大學也選擇慈大傳播系，大量實務課程，讓我與業界無縫接軌。現在真的如願以償在大愛臺工作，除了感恩，還是滿滿的感恩。

經過 才會懂得珍惜

曾經也因為遇到挫折想離開慈大附中，逃到看不見問題的地方重新開始，這樣的鴕鳥心態，被時任學務處主任的曾裕真老師看出來，對我當頭棒喝。她說，如果妳在這裡沒有把該學會的功課做完，到哪裡都會一樣，只是用不同的方式，讓妳去學習。感恩她當時點醒我，爾後，這個道理都會在想逃避事情時，浮現在腦中，不斷提醒自己。一路上，若不是師長們耐心澆灌，恐怕現在我已經走上另一條截然不同的道路。

或許正在閱讀這篇文章，還在校的學弟妹們會覺得，學校才沒有我所描述的那麼值得回憶，老師管好多，規定一大堆……我必須坦承，這滿滿的感謝，也不是學生時期的我會有的感受，很多時候都要自己經歷過了才會懂，當年的抱怨，都會化為來年的思念。只是，如果能花更多時間珍惜一起奮戰的同學、亦師亦友的師長、遠道而來的慈懿爸媽，校園裡的一花一木，並將在學校所學的慈濟人文注入細胞，帶著裝滿愛的行囊踏上旅程，我相信，那會使你的人生更加燦爛，回憶也更加美好。

編按：尤子云畢業後改姓為徐子云。

醫師世家 不悔行醫路

口述／石書宇
整理／胡淑惠

石書宇，受曾任花蓮慈濟醫學中心院長的父親石明煌影響，立定志向從醫。國小五年級遷居花蓮，由慈大實小、慈大附中，一路讀到慈大醫學系，全方位汲取慈濟人文教育。畢業後選擇在臺北慈濟醫院急診室任職，效法父親「守護生命、守護健康、守護愛」的人醫精神。

效法父親人醫精神

我的父親曾參與海外幾位連體嬰分割麻醉個案，哥哥石運儒與大嫂都是慈大醫學系畢業的，哥哥現任奇美醫院醫師，大嫂是成大醫院醫師。父親從年輕到現在一頭白髮，常常以醫院為家，卻不以為苦，至今仍不悔走行醫這條路，所以我也想步入父親的後塵。

小時候不解，父親過年過節常在醫院度過，後來知道他是為了在醫院搶救病人，所以沒辦法回家和我們團圓。不過，他有空閒時，會與我們分享一些小故事，如何想辦法解決病人長久疼痛，看得出他真的蠻辛苦，臉上卻呈現出喜悅滿足的神情，偶爾也有病人送自家種的蔬果到家裡，感謝父親幫他解決病苦。

國小五年級，隨父母遷居花蓮就讀慈大實小，之後就讀慈大附中時須住校，平常在家有父母張羅打點，住校後凡事需要靠自己，也體會到父母親平常要工作，還要整理家務的辛勞。學校有晚自修，考前有學業問題時，可以隨時請教老師，對學業有很大的幫助。國三時思忖，要不要讀醫學院，和父親聊及此事，他說：「不管你做什麼，我都支持你。」

就讀慈大醫學系的時候，到過很多地方實習，有次去中國醫藥大學附設醫院，遇到颱風天，還是有一群慈濟志工前來幫忙，有些患者沒家屬陪伴，我們不知道如何與病人互動；可是志工很有經驗，陪伴病人聊天，讓他們身心靈達到平衡。

有次放一星期連假，回心蓮病房探望乳癌病患，阿姨見面即問：「你怎麼都不來看我？」看她落寞的神情，自己也很難過！去病房只是陪她聊聊天，傾聽她心裡的感受，再過一個星期就會換病房實習，之後再也沒回病房探望阿姨，因為不知道怎麼安慰她，也擔心她病情是不是變得更嚴重，更害怕她走到生命終點！

醫學院快畢業時，思考自己較適合哪個科系，最後選擇了急診。因為一般科系醫生與病人相處久了，和病人會產生情感，病人若無法治癒往生了，醫生會深陷在痛苦中難以自拔；急診室是快步調的地方，來急診的病人，病來得急、去得快，急診室醫生分內的工作，病人疼痛或是生命徵象不穩定時，當下立即處理。若遇到車禍傷重或不可逆的病人往生時，因沒時間與病人建立情感，也不會有情感的負荷！

醫學院畢業了，從小生活在花蓮，想換個生活環境，二〇一七年來臺北慈濟醫院急診室。剛開始遇到很多病症，慶幸慈院有很多慈大學長可以研議、探討；但隨著時間過去，覺得很多來急診的病人，不是疾病問題，而是一些家庭因素或社會問題。肺癌病人住院治療後回到家，病人可能獨居，沒家人照顧或沒吃東

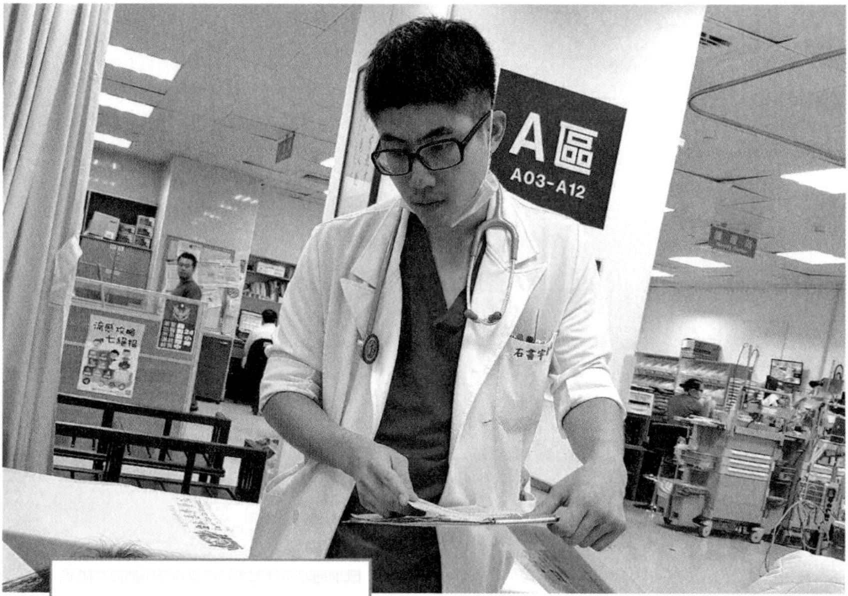

石書宇醫師。
（提供 / 胡淑惠）

西，知道他一定還會再回來，看到他這樣子也很無助，不知道要怎麼幫他。也遇到很多家暴或其他因素來求診，只能請社工或社服中心協助。

面對醫療緊繃的環境，醫護動輒得咎。有天急診室一位病人喊著疼痛，因無法立即聯繫到他的主治醫師，那位病人的大哥，立即朝另一位醫師揮拳。當下其實也有一點嚇到，但多數病患家屬還是理智的。也有一些病人聲稱沒有住的地方、沒錢付藥費，常常來醫院要錢，社工用智慧解決問題，不給病人現金；而是買一張百元悠遊卡，讓他可以搭車回去，以免養成一些不好的習慣。

在急診室較難適應的，是日夜輪班的時差問題。每天固定上十二個小時的班，今天上白班，明天又上夜班，遇到需要上課、開會，會感到體力精神耗弱；但是既然志為醫者，所以從未後悔選擇從醫之路。

在醫療大環境不好時，選擇做一位醫師，最大影響與父親有關吧！希望自己一直在慈濟醫療系統，有體力時一直待在急診室，效法父親「守護生命、守護健康、守護愛」的人醫精神，當一位終身付出無所求的醫生，可以幫助更多需要幫助的病人！

假如那年沒有來慈大附中

人物／潘信安、陳晏瑋、李昀庭
撰文／陳晏瑋、潘信安

陳晏瑋、潘信安、李昀庭，都是第十一屆慈大附中高中部的畢業生。三個平均二十四歲的年輕人，在大學還沒畢業，就成立影像工作室，拍廣告、操作社群行銷、拍紀錄片，也與大愛電視臺網路節目「熱青年SHOW吧」合作，自己當導演、攝影師、主持人。在慈大附中，他們找到在社會存在的價值，畢業後把社會公益，當成他們自身的責任與信仰。

養成品格核心價值

我是陳晏瑋，大家都稱我小瑋，李昀庭是小黑，還有潘信安。時光飛逝，我們二〇一三年慈大附中畢業，轉眼間已近七年了；三人在慈大附中就讀時不同班。我和信安在慈大附中的志工服務，校內活動相識，就此培養兩人絕佳的默契。「我們以前在學校都覺得小黑是流氓！」回憶高中時對小黑的印象，我和信安異口同聲說；講完這句話，三個人很有默契地互看一眼，接著放聲大笑。

三人高中畢業後，不約而同都選擇傳播相關科系，信安與小黑就讀花蓮慈濟大學，我則是選擇到臺北，就讀文化大學新聞系。我們三個再一次合作，是在大學的畢展，幫助花蓮阿美族水璉部落復興傳統文化——達路岸。

當年慈大附中的人文教育，養成了我們如今面對社會，最核心的正面態度。社會公益並非只能像高中時期，從事志工服務，同時也能轉換成另外一種形式，透過自身專業，關心社會議題，用影像及傳播的影響力與社會共好。

「假如當年沒有來到慈大附中，如今自己會是什麼模樣？」我會毫不思索地說：「如果當年我沒有念慈大附中，我現在應該還是一個死讀書的孩子。」信安有感而發地接著說：「如果當年我沒念慈大附中，我一定是一個很會聚眾的屁孩，仗著自以為的聰明到處惹麻煩！價值觀應該會差很多，可能想追尋的是商場上的出人頭地吧！」兩個人侃侃而談之後，焦點轉向小黑，「嘿嘿嘿！」傻笑三聲，抓了抓頭，露出他招牌憨厚的笑容。

三位慈中畢業的熱情青年，前往俄羅斯為 2019 第 45 屆俄羅斯國際技能競賽的中華代表隊在國際技能競賽中做紀錄。（右一潘信安、左一李昀庭、左二陳晏瑋。提供 / 陳晏瑋）

成立工作室 關心社會公益

「慈大附中很小，但發揮的舞臺很大！」從高中開始，我和信安幾乎是校內志工服務的常客，校內大小活動也幾乎從不缺席。慈大附中校園人很少，活動卻很多，每一個人都有機會，在學校活動中發揮專長、磨練學習，主要是老師肯放手，讓我們在有限範圍內失敗挫折，然後再次站起來，信安有感而發地說：「我想這就是當年老師說的做中學吧！」

對很多人而言，高中最重要的任務就是好好念書，考上好的大學，將來出社會找一份好的工作；但除了重視正規的教育，慈大附中還給了我們很多發揮的舞臺，在志工服務的過程中，教會我們待人處事的道理，在規劃籌備活動的經驗裡，學習應對進退、團結合作、相互溝通的能力！三人回憶高中畢業上了大學，很多同學還在社團學習如何辦好活動，如何組織一個團隊，但這些事情對我們而言卻是易如反掌，早在慈大附中時期，就給了我們最好的機會教育。

我們三個一起成立工作室，百分之九十接觸的都是社會公益的案子。其中一

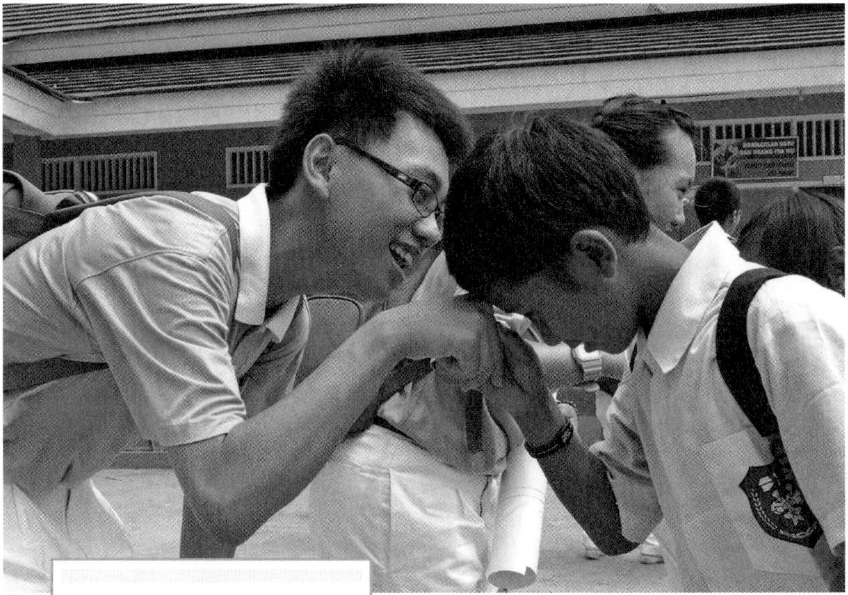

陳晏瑋（左）參加印尼人文交流。（提供 / 慈大附中人文室）

個就是與大愛電視臺合作的「熱青年SHOW吧」節目。三人走遍臺灣各地，透過旅行的方式，關心這片土地上的社會問題，包括環保、剩食、教育、銀髮長照、教育等，不同面向的議題。透過Vlog（影音部落格，Video blog）的形式呈現，在社群媒體上頭發酵，讓艱澀難懂的社會議題，轉譯成有趣好玩的方式，觸及影響更多年輕人。

沒有後悔選擇慈大附中

「做這件事情賺錢嗎？」三個人互相看了一下大笑，「我們總是左手接商案，右手做公益的案子。」信安說完，我緊接著說：「就是信安把我們拖下水，常常接完才跟我們說，這個很熱血、很有意義，我就接了，我們根本就是誤交損友啊！」信安只能無奈地翻白眼。

三人的感情在此完全展露，我們總是習慣把自己賺到的錢，拿去做覺得有意義值得的事。二〇一九年八月，我們三個人自費到俄羅斯，拍攝記錄第四十五屆國際技能競賽，堪稱「技職奧運」臺灣之光的精彩表現，自製的影片在網路瘋傳，突破上萬人次分享，上百萬的點閱次數，甚至被總統蔡英文大讚，影片讓國人看見國手的拚勁與感動。

推掉了將近百萬的案子，不收任何一毛錢，只為了讓臺灣社會多多關注技職體系，三人沒有一點抱怨，反而笑得很滿足。畢業短短幾年的時間，累積了無數精彩作品，對我們而言，能透過影像實踐社會公益，關心臺灣，甚至世界各地的社會議題，是一件很值得的事情！

「我從來沒有後悔當初選擇就讀慈大附中！」我堅定的眼神裡充滿感激，慈大附中的教育讓我們的心變得更加柔軟、更有同理心看待這個社會。平時不擅言詞的小黑，此刻眼神卻閃閃發光，態度堅定不苟言笑地說著：「現在回頭看，體悟很深，慈大附中讓我真正學會面對未知社會應該要有的態度與能力，培養的世界觀，讓我找到在社會存在的價值，想把社會公益，當成自己的責任與信仰！」

三人一致認為，慈大附中教會我們的不是任何技能，而是一輩子最困難的功課，就是「做為一個人的基本態度」。

慈大附中大事記（一九九九—二〇一九）

一九九九年

七月十一日　慈濟中小學舉行校地動土典禮。

二〇〇〇年

四月二十八日　教育部核准慈大附中立案招生。

六月十七日　教育部核准慈大實小立案招生。

六月二十六日　慈濟醫學暨人文社會學院實驗國民小學核准設立。

八月一日　成立並改名為「慈濟大學實驗國民小學」。

八月二十七日　慈大附中正式開學，首屆招收高、國中各一百五十位新生報到，中小學校舍工程因九二一地震而重新以SRC施工強化品質，師生暫借慈濟大學校區上課。

八月三十日　慈大實小正式開學，開設一到五年級共五班一百三十四名新生。

九月二日　慈濟大學實驗國民小學八十九年度第一學期開學於慈濟大學校區上課。

十月二十八日　教育志業體聯合舉辦「教育完全化揭碑暨慶祝大會」，慈濟教育完全化理想正式宣告實現。

十月二十九日至三十日　中小學學生搬遷回介仁街六七號中學校區上課。

二〇〇一年

一月十八日　首次舉行歲末祝福典禮，證嚴上人親臨贈送福慧紅包。

一月十九至二十五日　慈濟教育志業同仁赴日本訪問（學藝大學附設小學、御茶水大學附設幼稚園、武藏野大學附設幼稚園、京都佛教大學附設幼稚園）。

五月四日　本校慈誠懿德會成立，首屆共遴選九十七位慈誠懿德爸爸媽媽。

六月一日　舉辦首次浴佛典禮。

八月二十日　慈大實小遷入介仁街一七八號慈小校區的行政大樓、教室。

九月二十二日　全校師生協助慈大實小校區搬遷。

九月　發起給桃芝颱風、美國九一一恐怖攻擊、納莉颱風災民的祝福活動。

十月二十七日　慈濟大學、慈濟技術學院、慈濟中小學「完全教育」聯合校慶。

二〇〇二年

七月二十一日　慈大實小附設幼稚園獲准設立。

九月二十日　慈小附設幼稚園九十一學年度第一學期開學，開設兩班四十三人；慈小正式設立補救教學之資源班。

九月二十七日　印尼雅加達臺北學校蒞校參訪，並與本校簽訂友好合約。

十月十四日　慈大實小榮獲九十一年度特教評鑑優等。

十月二十二日　宏都拉斯總統伉儷及人員蒞校參訪共四十二人。

二〇〇三年

二月十三日　慈大實小榮獲環保署環境評估績優獎。

四月二十八日　成立ＳＡＲＳ防治因應小組。

四月二十九日至五月八日　因校內出現三名疑似ＳＡＲＳ感染個案，全校師生隔離十日。

五月九日　SARS隔離復課。

六月十五日　慈大附中第一屆畢業典禮於靜思堂舉行。

八月十五日　上人蒞校開示：「慈小不只是慈濟大學的實驗小學，要做世界的實驗小學」。

八月二十二日　榮獲經濟部水利局九十二年度「節約用水績優單位」。

九月四日　慈大實小舉行校舍全面落成感恩會（智慧樓、音樂館、科學館、美術館）。

九月四日　慈大實小校舍全面落成。

二〇〇四年

七月三十日　慈大附中舉行校長交接典禮，曾漢榮校長轉任慈濟大學社會教育推廣中心主任，歐源榮校長繼任。

八月二日至九日　慈大附中師生組團前往印尼進行文化交流。

十月二十一日至二十四日　舉辦「奔騰國際　躍動人文」教育志業體聯合校慶活動。

十月二十四日　本校與印尼慈濟小學、南非Amancamakazana primary school、Mthandi primary school、Mhlanganyelwa primary school、墨西哥 Tzu Chi Elementary School 締結姊妹校簽約儀式。

二〇〇五年

七月四日至十二日　師生組團赴河南省固始慈濟高中及安徽省全椒慈濟中學舉辦師生合心成長營及兩岸教師宏願互愛營。

八月三日　慈大實小第二任校長交接典禮，新任校長白麗美女士，名譽校長楊月鳳女士。

九月六日　發動「凝聚全球慈濟愛・合心力援紐奧良」募款活動，並將全校師生的慰問卡送至紐奧良。

十月十八日　慈大附中獲頒環保有功學校優等獎，由李宇甄、陳鏗木老師代表接受總統召見。

十月二十二日　慈大附中、慈小舉辦第六屆慈濟教育志業聯合校慶暨園遊會。

二〇〇六年

四月二十二日　響應世界地球日，舉辦「讓愛傳出去」掃街活動，國一、二及高一同學與教職同仁四百多人，深入社區整理環境。

五月十日至十五日　辦理兩岸中小學人文教育交流活動。

六月二十九日至三十日　慈大附中搬遷至介仁街一七六號新校區，原校區改為慈濟大學人文社會學院。

七月二十五日至八月二日　辦理貴州文化交流。

九月十五日　慈大附中新卸任校長交接典禮，第三任校長李克難女士。

二〇〇七年

一月十二日　舉行歐源榮校長告別追思會。

十一月　大愛劇場「竹音深處」開拍，紀錄慈大實小成長足跡。

二〇〇八年

五月二十日　響應「慈濟川緬膚苦難 大愛善行聚福緣」，師生至社區募心募款。

五月二十一日　英國 Hayle Community School 校長與慈大附中簽訂合作備忘錄。

五月二十三日　班聯會同學發起「慈濟川緬膚苦難、大愛善行聚福緣」

義演活動。

五月二十九日　響應「慈濟川緬膚苦難、大愛善行聚福緣」，師生至花蓮女中舉辦分享與祈禱活動。

十月七日　慈大附中榮獲教育部「友善校園—學務輔導工作績優學校」。

二〇〇九年

二月十一日　開學典禮，依循古禮以「開學點燈」祈福活動為主題，由師長親自為每一位學生點亮智慧燈。

二月二十五日　開始擔任教育部「增進高級中等學校學生國際視野方案」東區召集學校，並辦理第一階段東區工作坊。

五月二十七日　Hayle Community School 師生與慈大附中師生視訊交流課程開始。

七月十八日至十九日　全校教師參加慈濟大學舉辦之「靜思智慧語．好話二十年」教育大講堂研習活動。

八月一日　慈大實小新卸任校長交接典禮，第三任校長：蔣碧珠校長就任。

八月二日至十五日 慈大附中師生三十四人與慈懿會五人赴星馬進行海外人文體驗活動。

八月二十八日 榮獲品德教育績優學校。

九月四日 舉辦「八八水災募心募愛」活動。

九月五日 圖書館自慈大人社院校區搬遷至中學新校區。

十一月一日 東區老人之家機構關懷第一次出隊，學生三十人、親師十五人。

十一月二十四日 榮獲行政院環保署九十八年環保有功學校優等獎。

十二月二十九日 榮獲「服務學習創意競賽」優等。

二〇一〇年

二月二十二日 開學典禮中舉辦「為海地募心募愛」活動。

九月二十八日 接受教育部高中校務評鑑，榮獲最優「一等獎」。

十一月二十日 慈大附中、慈大實小聯合舉辦十周年校慶運動會。

二〇一一年

二月十五日　教育部核定通過慈大附中、慈大實小兩校合併。

三月十六日　全校響應「天地告急災難起　齋戒懺悔大願行」活動，以誠心為日本災民祈禱，以願力齋戒茹素救地球。

三月二十二日　全校發動募心募款送愛到日本活動。

四月二十六日　班聯會舉辦國際賑災義演暨迎賓晚會，一方面為日本地震災民募心募款，另一方面則歡迎來臺培訓的泰北清邁慈濟學校師長。

八月一日　慈大附中、慈大實小兩校正式合併。

二〇一二年

十月二十二日　響應慈濟基金會為非洲辛巴威的自由小學募集文具，送鉛筆盒至辛巴威。

十一月二十一日至二十三日　響應慈濟基金會為美東颶風災情募一分心出一分力，主動發起校園募心募愛活動。

二〇一三年

十月十六日　與韓國金浦外國語高等學校簽約締結姐妹校，兩校就校際間師長及學生之交流，以及人文課程之強化，簽訂教育合作備忘錄。

十月二十三日　榮獲一〇二年教育部品德教育特色學校表揚。

十一月十一日　榮獲一〇二年教育部服務學習示範性計畫特優獎。

二〇一四年

一月十六日　慈濟技術學院、慈濟大學、慈大附中與韓國海成女子高等學校簽訂策略聯盟，爭取韓國學子來臺交流。

一月二十日　接受教育部高中學校評鑑，再度榮獲最優「第一等」成績。

四月二日　慈大附中高二黃韻宇、國三邱映儒榮獲花蓮縣中等學校優秀青年表揚。

六月二十一日　慈大附中與大陸四川省名山高中締結姊妹校，加強兩校慈濟人文課程、教育合作與師生互訪交流。

十一月二十二日　教育志業二十五週年聯合校慶於靜思堂舉辦無量義經演繹。

二〇一五年

三月二十四日　第十五屆「保德信青少年志工菁英獎」高二陳思妤榮獲「全國傑出志工獎」，高三翁華廷、黃韻宇及國三楊璨菱榮獲「奉獻獎」，二十四位榮獲「服務獎」。

五月二十二日　國小部參加第五屆全國暨海外教育盃電子書創作，作品「我們十歲那年做的事」，榮獲全國國小組第二名。

七月五日至十三日　前往新加坡和馬來西亞進行為期九天的人文交流，共有十八位高中部、二十二位國小部學生和十二位師長參加。

十一月十日　慈大附中國小部，與韓國北安和慈川兩所國小，舉行姊妹校簽約儀式。

二〇一六年

七月二日至八日　舉辦日本人文與科技交流營，共有國中、高中科學實驗班二十五位學生、五位師長參加。

七月二日至九日　國小部舉辦暑期韓國人文交流團，共有高年級十三位學生、四位師長參加。

七月十一日至十七日　舉辦四川人文交流團，國三、高一、高二共十四位學生、五位師長參加。

七月二十六日至八月五日　舉辦印尼海外人文教育交流團，共計五位師長、五年級十五位學生參加。

十月十九日　國中部、國小部雙雙榮獲一〇五年教育部品德教育特色學校殊榮。

十一月十一日　與大陸四川省名山高中締結姊妹校，加強兩校慈濟人文課程、教育合作與師生互訪交流。

二〇一七年

一月十日　慈大附中與花蓮十所國中小共同簽署「締結姊妹校聯盟備忘錄」。

四月十日　臺灣國際芭蕾協會理事長王國年陪同匹茲堡芭蕾劇院附屬學校總監與舞團芭蕾大師 Mr.Roberto Muñoz 蒞臨花蓮慈濟大附屬高中藝術班，指導「2017 SSDI & VVDI Summer 暑期營臺灣官方甄試 與大師課程」，吸引慈大附中小師生及明義國小舞蹈班學生近七十人參與。

八月四日　慈大附中新卸任校長交接典禮，第六任校長李玲惠女士。

九月六日　舉辦「一〇六學年度各級學校防災教育暨觀摩研習」，宜花東各級學校教官、學務人員逾百人參加，共同參與地震避難掩護演練，並同時辦理「慈悲科技」防災教育體驗活動，建構全民減災、防災及救災的認知與行動力。

十一月十一日至十八日　舉辦校慶系列活動，從「菩提林立種子回故鄉」、「守護花蓮一八〇〇小時」、「異國好友來祝賀」、「國際文化運動會」、「募心募愛募書香」、「校友回娘家」等系列活動，讓全校師生以實際服務行動歡度慈大附中生日。

十二月二十六日　舉辦「感飢十二送愛國際」活動，透過飢餓十二小時，感受「人飢己飢 人溺己溺」的精神，並以自己的力量行善助人。

二〇一八年

七月三日至九日　舉辦韓國海外人文交流，共計三十五位小、中學部師生參加。

七月十二日至十八日　舉辦馬來西亞國際志工交流，共計五十位師生參加。

七月十九日至二十五日　舉辦泰北國際志工交流團，共計師長七人、高中部學生二十九人、慈誠懿德爸媽兩人參加。

八月九日至十五日

慈大附中師生五十七人前往馬來西亞，展開為期七天的藝術交流，於雪隆、馬六甲兩地，演出四場芭蕾舞劇——《鹿王與貧女》，宣揚佛教所提倡的慈悲心及慈濟的大愛精神。

八月二十八日

日本三一一地震，一張祝福卡片隨著見舞金跨越二〇五七公里，從臺灣送愛到日本氣仙沼市受災戶宮川聖德先生手中，七年後宮川先生特地帶著卡片來到花蓮，尋找當年國小部三年級的張瑾瑜同學，與瑾瑜同學會面親口說出感恩。

九月二十七日

日本宮城縣聖和學園戶井秀一校長帶領學校佛教顧問與師長來訪。

九月二十七日

美國密西根州教育廳代理廳長 Ms.Sheila A. Alles 暨卓越教育人員處長 Ms. Leah Breen 在教育部的安排下，前來慈大附中了解慈大附中的品格教育與環保教育。

九月二十八日

下午印尼蘇拉威西島，發生規模七點五強震，並引發海嘯，造成近一千兩百人死亡，災情慘重；慈大附全體師生一千八百人，在福田廣場舉辦「大愛心相印、真情膚震殤」募心募愛祈福會。

十月二十二日至二十八日　舉辦北京人文教育交流，由中、小學部四十一位師生前往北京展開為期五天的師生共學與文化交流活動，並與北京醫學院附屬中學締結姊妹校。

十一月九日　為歡慶十九周年校慶舉辦「手護洄瀾　一九久久」志工服務活動，全體師生及家長志工、慈懿會爸媽，以及韓國姊妹校東沓、慈川、北安等三所小學師生等，逾二千二百人共同參與社區服務。

十二月一日　慈大附中、西寶國小於十二月一日承辦「二〇〇七年教育部教學基地學校有效教學的現場落實方案期末審查會『說一堂好課—東區分享會』」，邀請慈濟大學何縕琪教授、課綱課審委員林文虎老師、臺北市國文輔導團邢小萍校長、臺東縣曾淑玉校長、寶桑國中楊惠如教師、總綱核心講師鄭雅蓉女士……蒞校審查，來自全臺各地17所學校、72位校長及教師共同參與。

十二月十一日至十六日　慈大附中師生組團到日本進行為期六天人文交流。

十二月五日　至二〇一九年一月十日舉辦「慈大附中傳愛．幸福之約」活動；二〇一八年八月羅馬天主教教宗方濟各呼籲針對移民和難民之援助。此案由慈濟慈善事業基金會統籌，邀請慈大附中共同募集愛心鉛筆盒及文具送往約旦。

十二月二十一日　韓國釜山養雲高等學校蒞臨交流暨兩校姊妹校簽約儀式。

十二月二十一日　舉辦「感飢十二送愛國際」活動，全校師生以飢餓十二個小時方式，體驗貧窮、沒東西可吃的苦楚，同步響應這活動共有二千八百三十三人，同時也募心募愛馳援國際賑災。

二〇一九年

二月二十二日　桃園市儲備校長、主任共計一百零五位蒞校參訪。

三月十二日　美國專業教育人士，前美國總統歐巴馬創辦的歐巴馬男子領袖中學校長 David Welch、北德州大學部長 Nakia Douglas、達拉斯學區督導 MichelleNeely、芭芭拉．喬丹小學校長 Lucy Hopkins 等一行四人蒞校參訪。

三月二十三日　慈大附中與慈濟大學、元智大學、慈濟科技大學四校齊聚，簽訂「AP 課程聯盟簽約」，並辦理「未來趨勢人才培育講座」。

三月三十日　菲律賓分會邀約菲律賓教育部官員與奧莫克前市長 Edward Codilla 一行三十人到校參訪交流。

四月二十七日　慈大附中於慈濟花蓮靜思堂以「回首二十 感恩祈願」為主題，歡祝慈濟功德會五十三周年慶，集合音樂、舞蹈、國術等元素進行演繹，共有二百位小學、國中、高中同學與師長登臺演出。

六月二十八日至七月三日　舉辦菲律賓國際志工交流，由師生、志工一行三十二人前往組團前往菲律賓。

七月三日至八日　舉辦慈濟中學韓國教育修學團，由花蓮慈大附中與臺南慈濟中學共四位老師、十六位學生，共同組團前往韓國交流。

七月二十四日　日本青森縣縣長三村申吾知事率團參訪慈大附中。

八月三日至九日　舉辦馬來西亞國際修學暨文化交流團，共計師生六十二人參加。

九月十六日　慈大附中師生共三十三人，在李玲惠校長的帶領下，將教室移到泰國北部清邁，以一〇八年高中新課綱的精神為底蘊的創新多元選修課程，將教室移動至國外，展開為期十天的國際修學與海外志工服務。

十一月十四日　全校師生用實際行動護持二手衣募集活動，將愛送到獅子山與莫三比克。

十一月十五日　慈大附中以「手護洄瀾 社區服務」志工活動歡度校慶，全校師長、學生逾二千人熱情參與，共同完成社區服務二千小時。

十二月八日至十五日　馬來西亞吉隆坡國際學校教育團隊三十五人至慈大附中進行為期十日精進研習。

十二月十五日　慈大附中連續三年舉辦「感飢十二 送愛國際」活動，三年累計超過八千多人次參加。

十二月二十四日　國小部承辦「一〇八年教育部教學基地學校有效教學的現場落實方案期末審查會『上一堂好課－東區分享會』」，邀請來自全臺各地十七所學校、八十二位校長及教師，以及三十六位馬來西亞吉隆坡慈濟國際學校校長、老師共同參與。

愛・擁抱青春｜在慈大附中相遇｜

作　　者／詹明珠、黃素貞、劉對、蔡翠容、吳旬枝 、葉金英、葉文鶯、李克難 、黃湘卉、曾修宜、柯玲蘭、朱秀蓮、李志成、羅月美 、沈秋蘭、林雪儒、張佩琪、卓錦鈺、莊春紅、鄭淑真、王鳳娥、邱蘭嵐、凌涵沛、高芳英、沈淑女、徐振家 、林鳳君、余依潔、陳秋華、尤子云 、胡淑惠、陳晏瑋、潘信安（依篇目順序）
策劃指導／李玲惠（慈大附中校長）
總 策 劃／吳旬枝（慈大附中人文室）
策　　畫／蔡惠茹（慈大附中人文室）
企劃編輯／吳旬枝、蔡惠茹、羅世明（慈濟基金會文史處）
編 校 群／吳旬枝、蔡惠茹、黃基淦、羅世明、黃湘卉、沈明霞、沈昱儀、洪綺伶、曾美姬
圖資提供／慈大附中、慈濟基金會
特別感謝：慈濟基金會文史處、人文真善美志工群，經典雜誌協助編製出版

發 行 人／王端正
總 編 輯／王志宏
叢書主編／蔡文村
叢書編輯／何祺婷
美術指導／邱宇陞
特約美編／林家琪
出 版 者／經典雜誌
　　　　　財團法人慈濟傳播人文志業基金會
地　　址／台北市北投區立德路二號
電　　話／（02）2898-9991
劃撥帳號／19924552
戶　　名／經典雜誌
製版印刷／禹利電子分色有限公司
經 銷 商／聯合發行股份有限公司
地　　址／新北市新店區寶橋路 235 巷 6 弄 6 號 2 樓
電　　話／（02）2917-8022
出版日期／2021 年 03 月初版
定　　價／新台幣 450 元

ISBN 978-986-99577-9-3（平裝）
Printed in Taiwan

國家圖書館出版品預行編目（CIP）資料

愛．擁抱青春：在慈大附中相遇 / 詹明珠，黃素貞，劉對，蔡翠容，吳旬枝，葉金英，葉文鶯，李克難，黃湘卉，曾修宜，柯玲蘭，朱秀蓮，李志成，羅月美，沈秋蘭，林雪儒，張佩琪，卓錦鈺，莊春紅，鄭淑真，王鳳娥，邱蘭嵐，凌涵沛，高芳英，沈淑女，徐振家，林鳳君，余依潔，陳秋華，尤子云，胡淑惠，陳晏瑋，潘信安作；王志宏總編輯．
-- 初版．-- 臺北市：經典雜誌，財團法人慈濟傳播人文志業基金會，
2020.12　面；　公分 ISBN 978-986-99577-9-3(平裝)1. 慈濟大學附屬高級中學 2. 花蓮慈大附中 3. 慈濟
524.833/137　　　　109021160